康德美学在中国

杨平 著

北京出版集团
北 京 出 版 社

图书在版编目（CIP）数据

康德美学在中国 / 杨平著. — 北京 ：北京出版社，2023. 2

ISBN 978-7-200-17851-7

Ⅰ. ①康… Ⅱ. ①杨… Ⅲ. ①康德（Kant，Immanuel 1724-1804）—美学思想—研究②美学史—研究—中国 Ⅳ. ①B516. 31②B83－092

中国国家版本馆 CIP 数据核字(2023)第 035578 号

康德美学在中国

KANGDE MEIXUE ZAI ZHONGGUO

杨平　著

*

北　京　出　版　集　团
北　　京　　出　　版　　社　出版

（北京北三环中路 6 号）

邮政编码：100120

网　　址：www . bph . com . cn

北京出版集团总发行

新华书店经销

北京建宏印刷有限公司印刷

*

787 毫米×1092 毫米　16 开本　10. 5 印张　164 千字

2023 年 2 月第 1 版　2023 年 2 月第 1 次印刷

ISBN 978－7－200－17851－7

定价：68. 00 元

如有印装质量问题，由本社负责调换

质量监督电话：010-58572393

北京第二外国语学院 2022 年度学术著作出版经费资助

目 录

下编

引　论

一、西学东渐与中西学术

梁启超区分了中国历史的三个阶段，即“中国的中国”、“亚洲的中国”与“世界的中国”。无论是“亚洲的中国”还是“世界的中国”，都意味着中华文化与域外文化的交流日渐频繁与深入。西学东渐对中国学术影响深远。[①]探讨晚清以来的中国美学，“世界”与“中国”是两个重要的视域。20世纪的中国美学，从某种意义上说，是“西方美学在中国”。

我们从概念史、关系史、观念史和学术史出发，聚焦康德与中国美学的关系，研究“康德美学在中国”的理论旅行，透视中国现当代美学的历史。[②]具体来说，分析中国学者与康德的关系，诠释中国学者选择与接受康德的复杂性；辨析中国学者介绍、运用和疏离康德美学的历史性。诚然，康德美学与中国美学的关系并不能涵摄晚清以来的中国美学景观，因为中国学者对于西方美学实行“拿来主义”，尽可能为我所用。

纵观晚清以来的中国美学，康德美学对中国学者的影响程度深、范围广。“就每个个体来说，各种定位、选择、认同、策略都无可厚非，但是，作为现代学科体系中的一个学科，将学术研究、民族精神以及人生关切诸因素混在一起，必然是方向不明，方法不清，相互睥睨，相互干扰，步履

① 西学东渐的研究，须从社会学、传播学、知识考古学、翻译学等学科进行透视与探讨。可参阅熊月之《西学东渐与晚清社会》，上海：上海人民出版社，1994年。

② 全面收集、整理康德美学在中国的传播与接受的文献，这是研究的基础。有学者已经做过文献的梳理，不再赘述。我们选择十位中国学者，考察他们与康德哲学美学的关系，缩小研究范围，探讨康德美学中国化产生的问题，诠释“康德美学在中国”的复杂性。

维艰。"[①]中国近代学者在"为学"中研究西方美学，在"为道"中经世致用。中国传统学术的"为学"自有一套机制与路数，"为道"在更多时候占据上风，超越了"为学"的共识。西学与中学产生的化学反应非常复杂，这关系到概念、知识、观念与思想的"再生产"，这些"再生产"的东西并不是自明的。

中国学者在世界文化坐标中确立中国文化位置，中西学术的界限并不是"楚河汉界"。"何以言学无中西也？世界学问，不出科学、史学、文学。故中国之学，西国类皆有之，西国之学，我国亦类皆有之；所异者，广狭疏密耳。即从俗说，而姑存中学西学之名，则夫虑西学之盛之妨中学，与虑中学之盛之妨西学者，均不根之说也。"[②]王国维批判了做学问的两种偏见，推崇"学无中西"。对于中学与西学，不能只学点皮毛，结果"中西两不是"。熊十力说："于中则根本鄙弃，但为无法出风头，则不惜稗贩洋人一二空名词，并取古人几个名词，或几片语杂合起来，以之论道，以之言理。"[③]所言甚是，晚清时期，中国学者接受西学常常食洋不化。

王国维还提倡"学无新旧"。"何以言学无新旧也？夫天下之事物，自科学上观之，与自史学上观之，其立论各不同。自科学上观之，则事物必尽其真，而道理必求其是。"[④]同样的事物，运用不同的学科与方法诠释，则立论各不相同。宗白华认为学术上只有"真妄"问题，无所谓新旧问题，主张融合中西文化，创造"更高的新文化"。"我们全副精神须在于'进化'，不是在于世俗所谓'新'，世人所谓新，不见得就是'进化'，世人所谓'旧'，也不见得就是'退化'（因人类进化史中也有堕落不如旧的时候）。所以，我们要有进化的精神，而无趋新的盲动，我们融会东方旧文化与西方新文化，以创造一种更高的新文化，是为着人类文化进步起见，不是为着标新立异。"[⑤]

晚清以来，中国学者抵近中国文化心理底层，反省中国传统文化，同

① 刘笑敢：《诠释与定向——中国哲学研究方法之探究》，北京：商务印书馆，2009年，第2页。
② 周锡山编校：《王国维集》（第二册），北京：中国社会科学出版社，2008年，第325页。
③ 熊十力：《熊十力论学书札》，上海：上海书店出版社，2009年，第86–87页。
④ 周锡山编校：《王国维集》（第二册），北京：中国社会科学出版社，2008年，第325页。
⑤ 《宗白华全集》（第一卷），合肥：安徽教育出版社，1994年，第103页。

时走进西方文化，运用西方哲学美学理论诠释中国文化传统。中国学者运用康德美学诠释中国传统的文学艺术，尽管诠释对象是中国传统的文学艺术，运用的却是西方近代的理论和方法。

二、视域融合与诠释模式

西方美学通过不同的桥梁传播到中国，与中国传统文化相结合，进入西方美学中国化的过程。中国学者选择、接受与化合西方美学，创生出新的美学形态。对于西方美学，中国学者期待那些与中国传统美学相异的思想，同时也领会那些与中国传统美学同质的思想。

中国学者借助不同桥梁，运用不同方法诠释康德哲学美学，在“误解”与“误读”中，形成不同的诠释类型。一是介绍型，梁启超较早地接触到康德哲学，以康德哲学作为思想启蒙的武器，但他并没有深入地研究康德哲学，只著述一篇介绍康德的论文。二是信奉型，蔡元培在康德哲学美学中建构审美教育理论，他信奉审美无利害性，一生倡导美育。三是研究型，王国维、朱光潜、宗白华、范寿康、牟宗三、蒋孔阳、李泽厚、叶秀山、邓晓芒等人的研究没有单纯地重复康德哲学美学，而是进行创造性的转化与转化性的创造。四是批判型，鲁迅早期在《摩罗诗力说》中存在康德影响的痕迹，晚期告别了康德，批判以康德为代表的形式主义美学。

中国学者诠释康德哲学美学形成诸多文本，需要从互文性的角度诠释这些文本。我们需要借助西方学者的康德研究成果来理解康德美学，这关系到诠释的世界视野，同时还需要解释中国学者理解的康德美学与创造的美学思想，这关系到诠释的中国视野。因此，我们既要与康德对话，又要与研究康德的西方学者和中国学者对话，诠释康德美学概念与中国美学概念的差异，以及康德美学中国化的问题。

三、概念挪用与美学命题

西方哲学家创造了一系列美学概念，这些概念成为西方美学建构与诠释的基础。德勒兹和迦塔利说：“哲学家是概念之友，他具备掌握概念的潜能。这就是说，哲学并非简单地只是一门形成、发明和制造概念的艺术，因为概念不一定是一些形式，一些新发现或者产品。严格地说，哲学是一门创造概念的学科。”①这样一来，在西方美学东渐中，诠释西方美学概念成为晚清以来的中国学者美学研究的重要议题，这些概念就是“新学语”。西方美学新学语的传入，大致经历了介绍、接受、运用与疏离的过程，诠释这些美学新学语，对于理解中国现代美学的建构具有基础性的作用。自晚清，中国学者开始翻译与介绍西方美学，运用西方美学概念诠释中国美学问题。“鸦片战争之后，中国社会进入一个独特而漫长的过渡时期，由传统过渡到现代。这一历史过渡时期的概念史，自然也是现代化之经验史。语言因此在诠释这个时期加速的经验变迁时获得新的分量，传统概念因为新的含义关联而被融入全新的经验空间。此时，词语史只是一种进入途径，我们则要透过词语发现其重要的政治和社会蕴含，以及词语所表达的相关经验和思想。”②晚清以来，西方美学概念在中国的传播，参与美学知识生产与美学学科创立的过程，显示出概念的力量。“美学”一词早期只是作为词典的语词在中国传播，随后作为一种理论被学界介绍、接受和研究，后来作为一门课程出现在大学课程体系之中，最后作为一门学科创立起来。可见，西方美学概念的传播和变异具有复杂性的特征。在新文化运动中胡适认为新名词有神奇的效力，这证明了新概念、新名词的建构理论与现实的力量。

① ［法］吉尔·德勒兹、菲力克斯·迦塔利:《什么是哲学?》，张祖建译，长沙：湖南文艺出版社，2007年，第205页。

② 方维规:《概念的历史分量》，北京：北京大学出版社，2018年，序言，第6页。

中国学者对于新学语的重要性论述颇多。在《论新学语之输入》一文中，王国维认为新学语的输入是近年文学上最著之现象。“数年以来，形上之学渐入于中国，而又有一日本焉，为之中间之驿骑，于是日本所造译西语之汉文，以混混之势，而侵入我国之文学界。好奇者滥用之，泥古者唾弃之，二者皆非也。”[①]王国维否定了文学界对于新学语的两种态度，他重视新学语的勘定，因为新学语不只是关乎概念工具，更是思想表征。新学语在中国的传播，无论在概念上还是在思想上，都挑战和改变了中国的传统思维方式。“这是因为外来词语在融合进目的语的过程中要进行体系上的调整、重组，每一个词都必须成为词汇体系中的一员。在重组之后的词汇体系中，外来词在意义、用法、价值取向上都反映了该语言的特点。即如汉语中的‘自由、民主、社会、个人……’等词语所表达的内涵既不完全等于西方的相对概念，也与日本有异。通过检点这种不同之处，我们有可能从中发现在引介西方新概念的过程中，中国的语境中发生的异化现象及其原因。尤其对那些时代的关键词，这种考察是必不可少的。”[②]就康德美学而言，康德美学概念与中国美学概念，比如愉悦、情感、趣味、无利害性、美、崇高、天才、艺术、审美态度、审美判断等等，在融合过程中不断调整、变异、整合，生成新的美学话语。

中国近代学者大多从翻译与介绍西方美学开始，然后研究与借鉴西方美学理论，他们的意图不在猎奇或模仿，而是创建时代的美学理论。中国学者广泛而系统地研究西方美学，结合中国传统美学创建具有学科性质的现代美学。

① 周锡山编校:《王国维集》(第二册)，北京：中国社会科学出版社，2008年，第306页。

② 沈国威:《近代中日词汇交流研究：汉字新词的创制、容受与共享》，北京：中华书局，2010年，第283页。

四、思维变革与美学范式

中国学者在接受西学的过程中，重视概念、判断与推理，改变传统体悟的思维方式，运用新的思维方式研究美学。黄兴涛指出："在近代中国，新名词的形成、传播与思维方式变革的关联，只能从整体上予以把握。完整地说，它们彼此之间是一种双向互动的关系。传统的思维方式不能不制约新名词的组合、构成、选择与内涵。但就其思想史意义而言，新名词对于近代国人思维方式变革的能动作用，却无疑更值得我们关注。"①这种分析是公允的，新名词与新概念改变了中国学者的传统思维方式。

"抑我国人之特质，实际的也，通俗的也；西洋人之特质，思辨的也，科学的也，长于抽象而精于分类，对世界一切有形无形之事物，无往而不用综括（Generalization）及分析（Specification）之二法，故言语之多，自然之理也。吾国人之所长，宁在于实践之方面，而于理论之方面则以具体的知识为满足，至分类之事，则除迫于实际之需要外，殆不欲穷究之也。"②王国维认为西方人擅长抽象而精于分类，对于世界上的一切事物，没有不用综括与分析的方法的。宗白华认为："中国人最缺乏科学与分析的眼光，凡事皆凭着笼统直觉的见解，还自以为玄妙高深，摆脱名相，他的流弊就是盲从与独断，没有批评的精神，没有研究的态度，所以守旧的以为先圣之言无可怀疑，趋新的以为新的都是好的。总之，笼统主义是因为脑经简单，没有分析的能力；直觉主义是因为脑经偷惰，没有研究的效力。"③王国维与宗白华批判了中国传统的思维方式，认识到传统思维方式的局限性。总体上看，西方的观念论深刻改变了中国学者的思维方式，西方的经验论

① 黄兴涛:《近代中国新名词的思想史意义发微——兼谈对于"一般思想史"之认识》,《开放时代》2003年第4期。

② 周锡山编校:《王国维集》(第二册)，北京：中国社会科学出版社，2008年，第305页。

③ 《宗白华全集》(第一卷)，合肥：安徽教育出版社，1994年，第95页。

深契中国学者的内在精神。

西学东渐引发中国传统学术典范的危机，具有学科意义的美学最终突破传统美学的限制，形成一种自觉的理论形态。中国近代学者发现了中国传统美学的问题，建构了中国美学话语，确立了美学学科的位置。如果说中国传统美学思想与西方美学思想可以称为美学的原生形态，中国学者对西方美学的介绍与述评可以称为美学的次生形态，那么中国学者运用西方美学概念解释中国传统美学而创生的美学则可以称为美学的再生形态。相比较而言，原生形态的美学最具原创性，次生形态的美学具有过渡性的特征，再生形态的美学具有学科史、思想史与学术史的价值。

中国学者扎根中国文化传统，接受与诠释康德哲学美学，因此，理解和诠释他们的思想不能与中国的文化传统割裂，思想的整体诠释是研究的出发点和前提。我们关注的不只是中国学者讲了什么，更重要的是，思考他们如何讲以及他们为什么这么讲。重新发现、认识与定位19世纪末以来的中国美学问题，这才是我们的真正任务。

上编

第一章　梁启超与康德

梁启超，中国近代著名学者和思想家。1898年后，梁启超先后主编《清议报》和《新民丛报》，着重介绍西方资产阶级社会、政治、经济学说，他撰写的《霍布士学案》《斯片挪莎学案》《卢梭学案》《近世第一大哲康德之学说》等文，后汇编成《西哲学说一脔》一书。虽然“日本桥”对于理解梁启超思想具有知识发生学的意义，[①]但是我们探讨的重点不在梁启超述评康德的思想背景与接受路径，而是梁启超如何诠释康德学说、理解康德的方式以及情感美学的创设。

一、康德学说述要

1903年，梁启超在《新民丛报》发表《近世第一大哲康德之学说》一文，开宗明义道出撰写的缘由：“吾昔见日本哲学馆有所谓四圣祀典者。吾骇焉。稽其名。则一释迦。二孔子。三梭格拉底。四康德也。其比拟之果伦与否。吾不敢言。即其不伦。而康德在数千年学界中之位置。亦可想见矣。作康德学说。”[②]梁启超震惊日本哲学界如此推崇康德，遂有作此文的念头，以探康德为圣之因。

梁启超略述康德生平，以康德比诸东方古哲、希腊古哲，从理论的相

① 在著者按中，梁启超自称浅学，撰此篇以中江笃介所译法国阿勿雷脱的《理学沿革史》为蓝本，复参考英人、东人所著书十余种汇译而成。参见《饮冰室合集·饮冰室文集之十三》，北京：中华书局，1989年，第50页。梁启超如何选择运用日本学者著述问题，可参见黄克武《梁启超与康德》，《中央研究院近代史研究所集刊》1998年第30期。

② 梁启超：《饮冰室合集·饮冰室文集之十三》，北京：中华书局，1989年，第47页。

似性来理解康德。“以康德比诸东方古哲。则其言空理也似释迦。言实行也似孔子。以空理贯诸实行也似王阳明。以康德比诸希腊古哲。则其立身似梭格拉底。其说理似柏拉图。其博学似亚里士多德。”[①]康德既通古今，又联通中西。《纯理性批判》“实为全欧洲学界开一新纪元”，康德“自此益翕然为一世大宗师”。梁启超在欧洲哲学传统中诠释康德在学界的位置，认为康德是哲学的“集大成者”，使德国哲学在18世纪达到一流的高度。梁启超指出，康德不是“德国人”而是“世界之人”，不是“十八世纪之人”而是“百世之人”。与康德批判哲学的诠释相比，哲学家地位问题要外在得多。梁启超述评康德哲学时，日本学界的先见影响了他的分析与判断。

梁启超认为，康德属于“检点”学派，康氏哲学即批判哲学；康德的检点哲学分为两大部，一部为“纯性智慧之检点”，一部为“实行智慧之检点”，即《纯粹理性批判》和《实践理性批判》。康德批判哲学重点不在哲学的批判，而在方法的批判。康德以为，“外物之相”区分为“现象”与“本相”，人认识的只是时空中的“现象”，而不能认识“本相”，即物自身。梁启超认为，道德之学是康德哲学之本。“前此学者皆以哲学与道学（谓道德之学）划然分为二途。不返诸吾人良知之自由。而惟借推理之力。欲以求所谓庶物原理者。及康德出。乃以为此空衍之法。不足以建立真学术。舍良知自由之外。而欲求魂之有无。神之有无。世界之是否足乎己而无待于外。是皆不可得断定。故必以道学为之本。然后哲学有所附丽。此实康氏卓绝千古之识。而其有功于人道者。亦莫此为巨也。”[②]梁启超以中国哲学的良知理解康德道德之学中的自由概念。

---

① 梁启超:《饮冰室合集·饮冰室文集之十三》，北京：中华书局，1989年，第49-50页。

② 梁启超:《饮冰室合集·饮冰室文集之十三》，北京：中华书局，1989年，第57页。

二、理解康德的方式

在梁启超这里，存在两种理解康德的方式：一是运用日本学者的研究来诠释康德；二是以中国哲学和佛学格义康德。

关于第一种理解方式，黄克武在《梁启超与康德》一文中有详细的考证。黄克武指出，梁启超译介康德时，西方、日本与中国等思想因素并没有均衡地嵌合在一起，不仅有康德、Alfred Fouillée、中江兆民（又名中江笃介）等人的思想，也杂糅了佛家、儒家等思想因素，因而呈现出各种理念交杂与互释的文化景观。①这种论断是中肯的。在晚清学界，中国学者最初介绍西学，经历了这样一个思想杂糅的阶段。

黄克武辨析了梁启超诠释康德的思想背景，分析梁启超理解康德的日本思想语境，这种探本的研究奠定了诠释的基础。黄克武从用字、文句、文章结构、思想内涵等方面分辨了梁启超如何以中江兆民的《理学沿革史》为蓝本介绍康德思想。检查梁启超赴日前的“思想仓库”，可见，“日本桥”是梁启超述评康德的一个重要中介，他述评康德的诸多观点都借鉴了日本学者的研究，但并没有注明这些观点的出处。直接拿来，为我所用，这种学术现象在晚清民国学界并不少见，似乎成了那个时期学术研究的“通病”。沈国威指出：“‘译’与‘借’的最大区别在于：前者存在着积极的造词与意义赋予过程，后者则不存在。因此‘译’是新词译词创制上的概念，‘借’是语言接触和词汇交流上的概念，两者属于两个不同的范畴。尽管在为了导入外来概念而增加新的词语方面，两者所起的作用相同。”②梁启超既借助日本学界运用的术语介绍康德哲学，又译介和综合了日本学者的康德研究，他的康德述评处在特定的文化语境之中，发生在中日文化交流的历

① 黄克武：《梁启超与康德》，《中央研究院近代史研究所集刊》1998年第30期。

② 沈国威：《近代中日词汇交流研究：汉字新词的创制、容受与共享》，北京：中华书局，2010年，第32页。

史互动之中。①

梁启超在按语中以佛学格义康德哲学。“案康氏哲学。大近佛学。此论即与佛教唯识之义相印证者也。佛氏穷一切理。必先以本识为根柢。即是此意。在议论时。则就身外事物下考察之功者。此智慧也。其在实行时。则自动自作。而能造出一切业者。亦此智慧也。”②“案空间时间者。佛典通用译语也。空间以横言。时间以竖言。佛经又常言横尽虚空。竖尽永劫。即其义也。依中国古名。则当曰宇曰宙。（尔雅上下四方曰宇往古来今曰宙）以单字不适于用。故循今名。”③梁启超以相、真如、智慧等佛学概念诠释康德哲学概念，比如空间、时间、本体与现象等；以佛学的唯识论对接康德的观念论，述评康德哲学。

贺麟认识到梁启超理解康德的历史背景，认为梁启超述评康德的论文是中国第一篇系统介绍康德生平及其思想的论文，他沟通康德哲学与佛学，运用王阳明的心学化合康德学说。“梁启超是康德哲学在中国最早的传播者和鼓吹者。他把康德哲学与中国佛学、王阳明心学揉合一起，‘相互印证’，‘共相发明’。”④在贺麟看来，梁启超述评康德的论文，与其说是客观介绍康德，不如说是将康德哲学和他所理解的佛学唯识论混在一起。梁启超以唯识论格义康德，以康德哲学附会佛学，这不是德国的康德，而是“中国化”了的康德。佛学的空灵的唯心主义与冥想顿悟的先验论，成为梁启超附会西方思想的材料。梁启超早年迷恋佛学，晚年弥笃，⑤他以佛学切入康德哲学，有其思想之根。张灏认为，梁启超读书的内容由五部分组成：儒家经典、中国历史、诸子哲学、新儒家道德哲学和西学，他的研究将西学和中学结合起来。⑥梁启超的阅读内容构建了他理解康德学说的“知识

① 对于梁启超思想的西学背景考察，可参见［日］狭间直树编《梁启超·明治日本·西方（修订版）》，北京：社会科学文献出版社，2012年。

② 梁启超：《饮冰室合集·饮冰室文集之十三》，北京：中华书局，1989年，第51页。

③ 梁启超：《饮冰室合集·饮冰室文集之十三》，北京：中华书局，1989年，第53页。

④ 贺麟：《康德、黑格尔哲学在中国的传播——兼论我对介绍康德、黑格尔哲学的回顾》，贺麟：《五十年来的中国哲学》，上海：上海人民出版社，2019年，第98页。

⑤ 孟祥才：《梁启超传》，北京：北京出版社，1980年，第315页。

⑥ ［美］张灏：《梁启超与中国思想的过渡（1890—1907）》，南京：江苏人民出版社，1995年，第66页。

仓库”。

梁启超以朱熹的格物致知论对接康德的认识论：“案朱子补格致传谓即凡天下之物。莫不因其已知之理而益穷之。以求至乎其极。至于用力之久。而一旦豁然贯通焉。则众物之表里精粗无不到。而吾心之全体大用无不明。与康德此论颇相类。惟朱子教人穷理。而未示以穷理之界说。与穷理之法门。不如康氏之博深切明尔。”[①]梁启超认识到康德认识论的高明和深刻之处，康德认识论的完备性和详尽性是朱熹的格物致知论无法比拟的，朱熹只是提出问题，并没有界说和推论这些问题的方法。

梁启超以王阳明的良知论类比康德道德哲学，认为两者道德学说的基础完全相同。“又案王阳明曰。‘一点良知。是汝自家的准则。汝意念着处。他是便知是。非便知非。更瞒他些子不得。汝只要实实落落依着他做。善便存恶便去。’是亦以良知为命令的。以服从良知为道德的责任也。阳明之良知。即康德之真我其学说之基础全同。”[②]康德道德学说建立在先天假设之上，以自由为基石，确定道德原则，以敬重作为唯一的道德情感，保证道德判断的客观性和普遍性，道德判断关系到超感官的世界。在陈来看来，王阳明的良知是心体、性体和本体。[③]王阳明的良知论建立在一个世界之上，缺乏康德道德哲学的先验性和绝对性。因此，王阳明的良知论与康德道德哲学的基础可以说是完全不同。辨析朱熹、王阳明与康德的学说，不难发现，宋明理学与康德的先验哲学之间存在巨大差异。梁启超援引的儒家哲人，他们的哲学与康德哲学只是形似，在质上不能等同视之。

梁启超运用中国哲学格义康德，存在一种自觉意识，他在《欧游心影录》中提出学术研究的四步法：第一步尊重爱护本国文化；第二步以西洋学术研究方法来研究本国文化；第三步综合本国文化，以异域文化补助，化合成一个新文化系统；第四步向外扩充新文化系统。梁启超坚持中国文化本位，运用文化综合与沟通的方法进行学术研究，他第一步做得相对扎实，比较透彻地理解了中国文化传统；第二步做得并不彻底，他没有真正

① 梁启超:《饮冰室合集·饮冰室文集之十三》，北京：中华书局，1989年，第56页。

② 梁启超:《饮冰室合集·饮冰室文集之十三》，北京：中华书局，1989年，第63页。

③ 陈来:《王阳明晚年思想的感应论》,《深圳社会科学》2020年第2期。

理解康德哲学。梁启超借助日本学者的研究述评康德哲学毕竟隔了两层，同时以中释西的方法使得他在求同的过程中忽略了中国哲学与康德哲学的根本差异，他述评康德哲学的“误读”值得稽考，牵强附会的“误解”更需要质疑。同时代的学者回应与批评了梁启超的康德述评。王国维指出，梁启超的康德述评错误之处太多。熊十力说：“放下历史，直从清末民初说起：清末，学风士习确是康、梁领导。任公浅薄，如今几乎人人皆承认，纵有不承认也少极。”[①]尽管如此，仍有必要重新理解梁启超述评康德的意义，认识到知识生产与学术创新之外的意义。那一代学者主动承担引进西学之重任，虽然“谈不上有穷源竟尾的研究”（熊十力语），但的确有学术普及的效果，有引领风气之功。

三、情感美学的创设

梁启超在《中国韵文里头所表现的情感》一文中以表情法分类来研究文学，认为情感是天下最神圣的，“可以说是一种催眠术”，“是人类一切动作的原动力”。[②]“情感的作用固然是神圣，但他的本质不能说他都是善的都是美；他也有很恶的方面，他也有很丑的方面。他是盲目的，到处乱碰乱迸，好起来好得可爱，坏起来也坏得可怕。所以古来大宗教家大教育家，都最注意情感的陶养，老实说，是把情感教育放在第一位。情感教育的目的，不外将情感善的美的方面尽量发挥，把那恶的丑的方面渐渐压伏淘汰下去。这种工夫做得一分，便是人类一分的进步。”[③]梁启超认识到情感教育的重要性，因此，提倡趣味教育成为题中应有之义。趣味教育的核心就是情感教育。

情感教育发扬善的与美的情感，压制恶的与丑的情感。艺术家需要养

---

① 熊十力：《熊十力论学书札》，上海：上海书店出版社，2009年，第86页。

② 《梁启超全集》（第十三卷），北京：北京出版社，1999年，第3921页。

③ 《梁启超全集》（第十三卷），北京：北京出版社，1999年，第3922页。

情，向上提升。梁启超以“小说四力说”来阐发情感渗透的过程。“熏”、“浸”、“刺”与“提”乃是小说的“四力”。一是“熏”。“熏也者，如入云烟中而为其所烘，如近墨朱处而为其所染”，可以遍及世界；熏的存在有广狭之别。二是“浸”。“浸也者，入而与之俱化者也。”人读小说之后，往往“终卷后数日或数旬而终不能释然”。三是“刺”。“刺也者，刺激之义也。”感受者察觉不到熏与浸之力，而能够感受到刺激的力量。四是“提”。“熏”、“浸”与“刺”的力量，自外而入，而“提”的力，“自内而脱之使出，实佛法之最上乘也。凡读小说者，必常若自化其身焉，人于书中，而为其书之主人翁”。[①]从某种意义上说，梁启超的“小说四力说”呈现了审美经验的过程性和连续性。

梁启超认识到小说情感的丰富性和多样性能激发出读者的不同情感。“人之恒情，于其所怀抱之想象，所经阅之境界，往往有行之不知、习矣不察者；无论为哀、为乐、为怨、为怒、为恋、为骇、为忧、为惭，常若知其然而不知其所以然。欲摹写其情状，而心不能自喻，口不能自宣，笔不能自传。有人焉和盘托出，澈底而发露之，则拍案叫绝曰：善哉善哉，如是如是。所谓‘夫子言之，于我心有戚戚焉’。感人之深，莫此为甚。”[②]小说的情感具有可交流与可传达的特征。

梁启超认为，杜甫“能将许多性质不同的情绪”凝聚在一篇诗歌中，得到“调和之美”。这种美与生命情感有关。梁启超说：“诗是歌的笑的好呀，还是哭的叫的好？换一句话说：诗的任务在赞美自然之美呀，抑在呼诉人生之苦？再换一句话说：我们应该为做诗而做诗呀，抑或应该为人生问题中某项目的而做诗？这两种主张，各有极强的理由；我们不能作极端的左右袒，也不愿作极端的左右袒。依我所见：人生目的不是单调的，美也不是单调的。为爱美而爱美，也可以说为的是人生目的；因为爱美本来是人生目的的一部分。”[③]梁启超理解“为艺术而艺术”的主张，才有“为爱美而爱美”。康德的艺术理论是“为艺术而艺术”的思想基础。梁启超围绕

① 《梁启超全集》(第四卷)，北京：北京出版社，1999年，第884-885页。
② 《梁启超全集》(第四卷)，北京：北京出版社，1999年，第884页。
③ 《梁启超全集》(第十三卷)，北京：北京出版社，1999年，第3984页。

美的观念，阐发诗之美，他论小说、诗和韵文，情感是关键。梁启超从情感的类型与作用出发分析不同的文学，这种情感的诠释可以归结为一种普遍性的诗学观念，既关系到审美情感的普遍性，又关系到文学的创造、艺术的情感传达以及读者的情感教育。

梁启超坚信情感的价值，坚信有一种“情感”主义。梁启超说：“假如有人问我：‘你信仰的什么主义？’我便答道：‘我信仰的是趣味主义。’有人问我：‘你的人生观拿什么做根柢？’我便答道：‘拿趣味做根柢。’”这里的趣味是一个描述性概念，而不是一个美学概念，与美的评判能力无关。在《趣味教育与教育趣味》一文中，梁启超指出“趣味教育”的独特之处，即趣味不是手段，而是目的，“趣味是生活的原动力”。教育家培养学生对某种学问的趣味，或者“加深加厚”学生对某种学问的趣味。所以，教育，从积极方面说，“全在唤起趣味”；从消极方面说，“要十分注意不可以摧残趣味”。“教育家最要紧教学生知道是为学问而学问，为活动而活动”；所有学问，所有活动，都是目的，不是手段。”[①]盖格尔认为，梁启超的趣味概念具有双重意义，人既具有个体的情感个性，又具有情感的共同特征。趣味概念反映了文学领域中的问题，换言之，如何以感性方式渗透到社会之中。[②]梁启超的趣味教育与国民教育相关，超越了对国民性的抽象思考，落实在民族精神的培养之上。趣味教育之路与梁启超启蒙之路殊途同归。

---

① 《梁启超全集》(第十三卷)，北京：北京出版社，1999年，第3963页。

② Heinrich Geiger:《审美观与艺术独立性——朱光潜和宗白华对现代中国美学发展的贡献》，叶朗主编:《美学的双峰——朱光潜、宗白华与中国现代美学》，合肥：安徽教育出版社，1999年，第112页。

第二章　王国维与康德

王国维，中国杰出学者，在诸多学术领域都有开创之功，《红楼梦评论》、《人间词话》和《宋元戏曲史》在文学与美学领域都有开山地位。王国维研究哲学、文学与戏曲，主要集中在其学术生涯前期，他与康德的关系可以追溯至其求学时期。

一、进入康德哲学的路径

王国维在《自序》中谈到他二十二岁时知晓康德与叔本华。"是时社中教师为日本文学士藤田丰八、田冈佐代治二君。二君故治哲学，余一日见田冈君之文集中，有引汗德、叔本华之哲学者，心甚喜之。顾文字暌隔，自以为终身无读二氏之书之日矣。"[①]王国维初遇康德与叔本华，心生欢喜，因"文字暌隔"，放弃阅读。

王国维后来涉猎国外的社会学、心理学与哲学。"既卒《哲学概论》、《哲学史》，次年始读汗德之《纯理批评》。至《先天分析论》几全不可解，更辍不读，而读叔本华之《意志及表象之世界》一书。叔氏之书，思精而笔锐。是岁前后读二过，次及于其《充足理由之原则论》、《自然中之意志论》，及其文集等。尤以其《意志及表象之世界》中《汗德哲学之批评》一篇，为通汗德哲学关键。至二十九岁，更返而读汗德之书，则非复前日之

① 周锡山编校:《王国维集》(第二册)，北京：中国社会科学出版社，2008年，第295–296页。

窒碍矣。嗣是于汗德之《纯理批评》外，兼及其伦理学及美学。”[①]王国维的阅读史呈现了他进入康德哲学的路径，涵盖康德的认识论、伦理学和美学。王国维从《哲学概论》与《哲学史》入手，参照英文与日文译本；阅读《纯粹理性批判》，不能理解先天分析论，搁下之后阅读《作为意志和表象的世界》，再重新阅读《纯粹理性批判》，沿着叔本华批判康德哲学的路径进入康德哲学，自觉豁然开朗，每读一次，“窒碍更少”。

王国维在《自序二》中评价了哲学研究的结果：“余疲于哲学有日矣。哲学上之说，大都可爱者不可信，可信者不可爱。余知真理，而余又爱其谬误。伟大之形而上学，高严之伦理学，与纯粹之美学，此吾人所酷嗜也。然求其可信者，则宁在知识论上之实证论，伦理学上之快乐论，与美学上之经验论。知其可信而不能爱，觉其可爱而不能信，此近二三年中最大之烦闷，而近日之嗜好，所以渐由哲学而移于文学，而欲于其中求直接之慰藉者也。要之，余之性质，欲为哲学家则感情苦多，而智力苦寡；欲为诗人，则又苦感情寡而理性多。诗歌乎？哲学乎？他日以何者终吾身，所不敢知，抑在二者之间乎？”[②]

王国维以“可信”与“可爱”来论说哲学，自称“酷嗜”形而上学、伦理学与美学，不过，“可信”的只有知识论中的实证论、伦理学中的快乐论与美学中的经验论。“可信”与“可爱”之间的矛盾引发了王国维对于哲学的怀疑和偏离，他在“可信”与“可爱”的哲学之间徘徊。王国维的西方哲学美学研究建构了阐释中国传统艺术的方法。

二、西方哲学传统分析

王国维在《教育世界》发表了一系列介绍西方哲学家的论文，重点介绍了西方哲学中的观念论者与经验论者。观念论者有苏格拉底、柏拉图、

① 周锡山编校：《王国维集》（第二册），北京：中国社会科学出版社，2008年，第296页。

② 周锡山编校：《王国维集》（第二册），北京：中国社会科学出版社，2008年，第298页。

卢梭、康德、席勒、叔本华与尼采；经验论者有培根、霍布斯、洛克与休谟。王国维介绍哲学家，一是为哲学家立传，述其生平；二是述评哲学家思想，阐述哲学问题。

王国维推崇观念论者，论苏格拉底时，强调须读其全书，才可尽其“性行学问”；认为柏拉图“疗吾辈之灵魂”；喜爱康德与叔本华的哲学，均有像赞与思想论说。王国维在《汗德像赞》中文思飞扬，用精练的语言概论康德哲学，盛赞康德的哲学革命：“人之最灵，厥维天官；外以接物，内用反观。小知闲闲，敝帚是享；群言淆乱，孰正其枉。大疑潭潭，是粪是除；中道而反，丧其故居。……观外于空，观内于时；诸果粲然，厥因之随。凡此数者，知物之式；存于能知，不存于物。”[①]“凡此数者，知物之式；存于能知，不存于物”，就是康德的哥白尼式革命的要义所在，王国维对此并没有详加阐释。康德颠覆了传统形而上学的认识方法，建构了一种新的认识方法，即对象必须符合主体的认识结构。罗克莫尔指出：“康德的贡献就在于，他暗示了把那种平常的方法颠倒过来的巨大重要性：那种方法认为知识立足于对象，而康德却要让对象依赖于知识。”[②]

王国维发表了多篇研究康德哲学的论文，重要的有《汗德之事实及其著书》《汗德之哲学说》《汗德之知识论》《汗德之伦理学及宗教论》等，他的康德哲学研究关系到批判哲学的体系与核心问题。王国维热衷于介绍与研究叔本华，发表了《德国哲学大家叔本华传》《叔本华之哲学及其教育学说》《书叔本华遗传说后》《叔本华与尼采》等论文，还撰写了《德国文豪格代希尔列尔合传》《教育家之希尔列尔》等论文。

王国维介绍经验论者，撰写了《倍根小传》《英国哲学大家霍布士传》《英国哲学大家休蒙传》《英国教育大家洛克传》等论文。王国维认为，培根直陈演绎论理法之谬误，“归纳论理法之重要”，一切应以经验与观察为基础。培根改变旧学风，“定归纳论法”[③]，他虽不是一个大思想家，但是一个大学问家，是英国唯物主义和现代实验科学的始祖。

---

① 周锡山编校：《王国维集》（第二册），北京：中国社会科学出版社，2008年，第125页。
② ［美］汤姆·罗克莫尔：《康德与观念论》，徐向东译，上海：上海译文出版社，2011年，第73页。
③ 周锡山编校：《王国维集》（第二册），北京：中国社会科学出版社，2008年，第200页。

王国维喜爱观念论，研读康德、叔本华与尼采的著作，同时关注席勒、歌德等人的文学著作。王国维重视西方哲学的两大传统，这与他《自序二》中所述“酷嗜”的哲学遥相呼应。因此，我们需要从西方观念论与经验论的双重视野审视王国维运用西方哲学美学阐释中国传统艺术的方法，否则，很可能偏颇地理解王国维的美学思想。

三、康德批判哲学述评

王国维从叔本华哲学出发，迂回地进入康德哲学。王国维在《叔本华之哲学及其教育学说》一文中认为，叔本华与康德是“后继者”与“前驱者”的关系，根据叔本华哲学理解康德哲学不失为一条重要途径。王国维分析了《纯粹理性批判》中的知识论：“此书之特质，在示心理学上之方法之不足解哲学上之问题，及区别人之理性之渊源之问题与其价值之问题为二是也。彼之研究之端绪，不求诸物，而求诸理性，与启蒙期之哲学者同。然谓理性中之普遍的判断，而超越一切之经验者，其确实性不能由经验论及本有论说明之。而谓哲学之事业，亦示人类理性之作用，即由此等判断之内容及关系，而于理性之生活中，定其权能及其界限也。”①

王国维在《汗德之知识论》一文中综论《纯粹理性批判》的总课题，即在“数学、纯粹自然科学及形而上学”中，“先天的综合判断”是如何可能的。王国维认为康德的先验方法，即“批评的”“先天的”方法，处理的对象为“先天的综合判断之可能性”，康德批判哲学“必先检此等原则发现之形式”。“汗德于是就理性之作用，为系统的研究，以立其原则，而检其效力。即批评之方法先自知识论始，渐及其他。而当时心理学上之分类法，为彼之哲学问题分类之根据，即谓理性现于知、情、意三大形式中。而理性之批评亦必从此分类。故汗德之哲学分为三部：即理论的、实践的、审

① 周锡山编校:《王国维集》(第二册)，北京：中国社会科学出版社，2008年，第128–129页。

美的。其主要之著述亦分为三：即《纯粹理性批评》、《实践理性批评》及《判断力批评》是也。”[①]晚清以来，中国学者认同西方哲学中的知、情、意的区分，同时运用这种区分诠释学术问题。柄谷行人说：“康德的三大批判分别以科学认识、道德、艺术（以及生物学）为对象，阐明了各个领域的特殊性和各自的关系结构。可是，康德之后的人们忘记了这些区分与以往固有的区分不同，乃是透过康德的‘批判’而发现的。”[②]我们以柄谷行人的论断来观照中国学者的选择，他们虽然通过康德批判哲学认识到知、情、意的区分，但并没有辨析这种区分在不同哲学家思想中的差异，只是选择与运用这种区分罢了。

王国维在《汗德之伦理学及宗教论》中说到，以绝对怀疑论来诠释《纯粹理性批判》是不得要领的，怀疑论只是康德哲学的枝叶，而非根本。“吾人及万物之根本，非理性而意志也”，这才是康德全书的根本思想。“汗德谓意志，与悟性，同，有自己之特质，有固有之形式，有特别之法度，此法度，康德谓之‘实践理性’。”[③]王国维区分了道德法则与自然法则，道德法则乃为绝对律令，即“自由的也”。虽然悟性不能证明自由概念，但在意志方面，则不可怀疑自由。康德在《纯粹理性批判》中，谓“自由之为物”不能在现象界发现，或许能在本体界发现。知识与意志之间并不存在矛盾。王国维认识到，自由是康德哲学的核心问题，道德是宗教的基础。“盖除良心之命令外，一切动机皆使意志不由自律而由‘他律’，而夺去其行为之道德上之价值。故真正之宗教必与道德合一。存于理性中之宗教，但由道德构成之。基督教之真髓乃永久之道德。宗教之目的乃人类正行之胜利也。如宗教而于此外有他目的，则已失宗教之本义矣。”[④]王国维认同宗教存在于理性之中，宗教的核心是道德，由道德奠基。

王国维诠释康德与叔本华哲学，同时运用德国哲学诠释中国问题。陈寅恪在《〈王静安先生遗书〉序》中总结了王国维的学术研究方法：“三曰

① 周锡山编校:《王国维集》(第二册)，北京：中国社会科学出版社，2008年，第129—130页。

② [日]柄谷行人:《跨越性批判——康德与马克思》，赵京华译，北京：中央编译出版社，2010年，第8页。

③ 周锡山编校:《王国维集》(第二册)，北京：中国社会科学出版社，2008年，第140页。

④ 周锡山编校:《王国维集》(第二册)，北京：中国社会科学出版社，2008年，第142页。

取外来之观念与固有之材料互相参证。凡属于文艺批评及小说戏曲之作，如《红楼梦评论》及《宋元戏曲考》等是也。此三类之著作，其学术性质固有异同，所用方法亦不尽符会，要皆足以转移一时之风气，而示来者以轨则。”[①]王国维在《红楼梦评论》中以叔本华哲学诠释《红楼梦》，在《古雅之在美学上之位置》一文中运用康德美学范畴阐发中国文艺传统中的古雅范畴，在《人间词话》中融会与化用西方哲学。

牟宗三曾如此评价王国维：“王国维是一代国学大师，晚年钻研甲骨文、殷周史，于考古学上有贡献。然没有进入中国文化生命的底蕴，于西方文化生命的来龙去脉亦未能抓住其纲要。”[②]牟宗三的论断未免有些偏颇。王国维抓住了西方观念论与经验论的纲，进入西方哲学的堂奥，比较恰切地介绍了康德批判哲学，他深刻体会到中国文化的底蕴，《人间词话》可以间接回应和反驳牟宗三的论断。王国维在西方哲学美学传统中确定诠释康德哲学美学的路标，他述评的康德哲学呈现出诠释康德哲学的深度。不过，王国维的思维方式暗示了他与康德的真正距离。

① 周锡山编校:《王国维集》(第四册)，北京：中国社会科学出版社，2008年，第479页。

② 《牟宗三先生全集》(32)，台北：联经出版事业股份有限公司，2003年，第22页。

第三章 蔡元培与康德

一、德国哲学的编译

1903年，蔡元培翻译了德国学者科培尔在日本文科大学讲授西方哲学的教材《哲学要领》。蔡元培总论了这部教材的要义："德国科培尔氏任日本文科大学教授之职，约举哲学之总念及类别、及方法、及系统以告学者，皆以最近哲学大家康德、黑智尔、哈尔妥门诸家之言为基本，非特惟物、惟心两派之折衷而已。其所言神秘状态，实有见于哲学、宗教同源之故。而于古代哲学，提要钩元，又足示学者研究方法，诚斯学之门径书也。"[①]蔡元培认为，《哲学要领》分析了西方哲学的重要概念，以德国哲学为中心把握西方哲学，实为该书一大特色，也是"学之门径"。厘定概念，辨清门户，意在登堂入室，因此，有必要根据这部教材俯瞰西方哲学景观。《哲学要领》成为蔡元培理解康德的钥匙。科培尔强调德国哲学的重要性，认为德语哲学著作丰富，德国思想高深，德国哲学以真理为目标。

科培尔指出，哲学问题可区分为物界与心界，心界研究知识、感情与意志，心界哲学包括宗教哲学与美学。"美学者，英语为欧绥德斯Aesthetics，源于希腊语之奥斯妥奥，其义为觉与见。故欧绥得（"得"为"德"之误。——编者注）斯之本义，属于知识哲学之感觉界。康德氏常据此本义而用之。"[②]科培尔认为哲学方法主要包括归纳法与演绎法。"大哲学

① 高平叔编：《蔡元培全集》（第一卷），北京：中华书局，1984年，第176页。
② 高平叔编：《蔡元培全集》（第一卷），北京：中华书局，1984年，第184页。

家亦有兼用演绎、归纳二法者，培根及特嘉尔是也。近之康德亦然，其所著《纯理批判》Kritik der Reinen Vernunfa〔t〕，皆以演绎法论证之，而其绪论则用归纳法。”[①]康德创立了批评论，批判了怀疑论和独断论。“故批评说者，判断也，证明也，以谨严之法，检核人间知识之本原及界限者也。其讨究之法式，大异于独断、怀疑两家。其基本之事，在检核人间知识之能力。”[②]康德的批判哲学不同于怀疑论和独断论。传统形而上学将现象与本体混为一谈，康德区分了本体与现象：“吾今为诸君言超绝之实在论之二界说，其谓吾人不能见物之本体，而惟见其现象，此与惟心论同；而彼又谓物自有实体，由吾心界超绝作用因果之方便而觉知之也。”[③]康德规定了认识论与伦理学的对象，人只能认识时空中的现象，而不是本体，本体不是认识的对象而是思维的对象。现象界与本体界也区分开来。

蔡元培翻译《哲学要领》，是因为他认为科培尔之说是“正宗之说”；蔡元培借助科培尔的讲义理解康德哲学。科培尔阐发的康德哲学概念与学说，成为蔡元培介绍与运用康德哲学的契机，蔡元培借此理解康德哲学的核心概念，诸如时间、空间、本体与现象等等。

1907年，蔡元培留学德国，一边听课与研究，一边编译书籍。1909年，蔡元培翻译出版了德国泡尔生的《伦理学原理》，他指出泡尔生哲学归属康德派，综合了斯宾诺莎与叔本华等人的学说。《伦理学原理》用相当的篇幅探讨康德伦理学。

1915年，蔡元培编写《哲学大纲》，吸收了德国哲学家李希特尔的《哲学导言》和泡尔生与冯特合著的《哲学入门》。《哲学大纲》分为通论、认识论、本体论和价值论，美学编在价值论一编中。“康德立美感之界说，一曰超脱，谓全无利益之关系也；二曰普遍，谓人心所同然也；三曰有则，谓无鹄的之可指，而自有其赴的之作用也；四曰必然，谓人性所固有，而无待乎外铄也。”[④]蔡元培在《哲学大纲》中简述了康德的美感学说，总括了

---

① 高平叔编：《蔡元培全集》（第一卷），北京：中华书局，1984年，第192页。
② 高平叔编：《蔡元培全集》（第一卷），北京：中华书局，1984年，第199页。
③ 高平叔编：《蔡元培全集》（第一卷），北京：中华书局，1984年，第205页。
④ 高平叔编：《蔡元培全集》（第二卷），北京：中华书局，1984年，第380页。

康德论美的四个契机，简论了数学的崇高与力学的崇高,《哲学大纲》是他阐释康德美学的出发点。

二、康德美学的阐释

1916年，蔡元培在法国编写《欧洲美学丛述》，成未刊稿《康德美学述》。蔡元培探讨康德的鉴赏判断，沿用《哲学大纲》界说的四个契机，他在系列论文中述评康德美学，讨论了判断力、审美判断与美学基本问题等。

蔡元培指出:“康德既作纯粹理性评判，以明认识力之有界；又作实践理性评判，以明道德心之自由。而感于两者之不可以不一致，及认识力之不可以不受范于道德心，乃于两者之间，求得所谓断定力者，以为两者之津梁。盖认识力者，丽于自然者也，道德心者，悬为鹄的者也，而自然界有一种归依鹄的之作用，是为断定力之所丽，故适介二者之间，而为之津梁也。”[①]《纯粹理性批判》明确了理论理性的可能性、界限和领域,《实践理性批判》规定了实践理性的可能性、界限和领域。知性为自然立法，理性为自由立法，前者认识时空中的现象，后者确立道德的绝对法则。《判断力批判》实现了自然形而上学与道德形而上学的统一。蔡元培所言的“津梁”在康德批判哲学中是如何可能的呢？他仅仅指出反思判断力是知性与理性的“津梁”，没有阐发这座“津梁”是如何可能的。

蔡元培在《美学的进化》一文中分析了《判断力批判》的枢纽地位:“康德的哲学，是批评论。他著《纯粹理性批评》，评定人类和知识的性质。又著《实践理性批评》，评定人类意志的性质。前的说现象界的必然性，后的说本体界的自由性。这两种性质怎么能调和呢？依康德见解，人类的感情是有普遍的自由性，有结合纯粹理性与实践理性的作用。由快不快的感情起美不美的判断，所以他又著《判断力批评》一书。书中分究竟论、美论

① 高平叔编:《蔡元培全集》(第二卷)，北京：中华书局，1984年，第497页。

二部。……他的重要的主张，就是无论美与高，完全属于主观，完全由主观上写象力与认识力的调和，与经验上的客观无涉。”[①]《判断力批判》奠定了美学在康德批判哲学中的位置，判断力联结了知性和理性。

蔡元培论道：“故康德之基本问题，非曰何者为美学之物，乃曰美学之断定何以能成立也。美学之断定，发端于主观快与不快之感。苟吾人见一表象，而无所谓快与不快，则无所谓美学之断定。美学之断定，为一种表象与感情之结合，故为综合断定。”[②]康德美学的基本问题，不是在追问事物的美的判断，而是分析审美判断是如何可能的，这也是康德美学的核心问题，涵摄康德批判哲学的总问题，即先天综合判断是如何可能的。因此，康德美学的基本问题可以归结为作为先天综合判断的审美判断是如何可能的。审美判断既不是认识判断，也不是道德判断。如果审美判断“发端于主观快与不快之感”，就会产生一个问题，这不是纯粹的审美判断，而是感官的审美判断。如果主体的快与不快之感先于审美判断，那么这就是感官的审美判断。主体先做出审美判断，然后有快与不快之感，才是纯粹的审美判断。蔡元培误解了康德的审美判断。纯粹的审美判断与主观的快与不快之感直接相关，快与不快之感是审美判断的核心。纯粹的审美判断是先天综合判断，关系到对象的表象与主体情感之间的关系。

蔡元培指出，康德美学探讨了两个基本问题：一是何谓审美判断，二是审美判断如何可能。审美判断的分析由优美的分析与壮美的分析构成。蔡元培从优美的分析的角度分析了美的四个契机：超逸、普遍、有则与必然，“于是合四者而言之，美者，循超逸之快感，为普遍之断定，无鹄的而有则，无概念而必然者也”[③]。蔡元培比较准确地分析了康德审美判断的四个契机，以通行的翻译来说，即无利害、普遍性、合目的性和必然性。蔡元培的分析方法类似于分析美学的方法，以概念为经阐发康德美学。

蔡元培在《简易哲学纲要》中论说了“美是道德的象征”：“这两种互相对待的冲动，一是生活的，一是道德的。在康德学说中，就是官觉与理

① 高平叔编：《蔡元培全集》（第四卷），北京：中华书局，1984年，第21—22页。
② 高平叔编：《蔡元培全集》（第二卷），北京：中华书局，1984年，第497—498页。
③ 高平叔编：《蔡元培全集》（第二卷），北京：中华书局，1984年，第503页。

解的对待：两者互相调和是美，而两者互相抵触就是‘高’(Erhabene)。照这种理论，人类是彷徨于两种冲动的中间，美的功用，就是给人类超出官觉的世界而升到超官觉的世界，就是道德的世界。所以这一派的美术哲学，就以美为善的象征；就在这上面证明超个人的普遍性，是在感情的游戏。”[①]对于“美为善的象征”的命题，蔡元培还没有清楚地阐明美与道德的内在关系是如何可能的。鲍桑葵指出：“如果我们对象征主义作这样理解的话，美就是道德秩序的象征，而这种秩序就是鉴赏判断归根结蒂所指明的那种仅能用智力理解的实在，或者说超感官的实在。”[②]在这里，需要理解象征的涵义，“康德指出，‘象征’与‘图式’的区别在于：前者是‘类比式的’，后者是‘证明式的’，或‘指证式的’。‘象征’中的感性形象与理性概念只有‘类比’的关系，而‘图式’中的概念则可以在感性直观中指证出来”[③]。在康德美学中，象征具有哲学和美学的意义。

三、康德哲学美学的运用

蔡元培认为最高级的学者“各具我性”，次者“各具个性”，他坚持吸收和消化外国的思想和学术，保持学术的主体性，以“我”为主，“食而化之”。蔡元培研究西学也是如此，他搁置不同哲学流派的根本差异，求同存异，认为不同哲学流派最终会“殊途同归”。蔡元培根据康德的现象与本体的区分，论证教育的目的：“盖世界有二方面，如一纸之有表里：一为现象，一为实体。现象世界之事为政治，故以造成现世幸福为鹄的；实体世界之事为宗教，故以摆脱现世幸福为作用。而教育者，则立于现象世界，而有事于实体世界者也。故以实体世界之观念为其究竟之大目的，而以现象世

① 高平叔编：《蔡元培全集》(第四卷)，北京：中华书局，1984年，第456页。
② [英]鲍桑葵：《美学史》，张今译，北京：商务印书馆，1985年，第355页。
③ 叶秀山：《启蒙与自由——叶秀山论康德》，南京：江苏人民出版社，2013年，第182页。

界之幸福为其达于实体观念之作用。”[①] 柄谷行人认为，基于现象与本体的区分，康德实现了真正的哲学转向，本体与伦理世界关联起来。“康德要阐明被视为主观性的超越论式的结构，也正是为此。那么，‘物自体’是什么呢？这在《实践理性批判》中直接予以阐述之前，基本上是与伦理性的问题相关联的。换言之，也便是‘他者’的问题。”[②]

蔡元培认为教育超越了现象世界，提升到实体世界，并区分了现象世界和实体世界：“然则现象世界与实体世界之区别何在耶？曰：前者相对，而后者绝对；前者范围于因果律，而后者超轶乎因果律；前者与空间时间有不可离之关系，而后者无空间时间之可言；前者可以经验，而后者全恃直观。故实体世界者，不可名言者也。”[③]蔡元培认为教育“提撕实体观念”，消极方面，不执着于现象世界；积极方面，逐渐领悟实体世界。蔡元培的教育观关系到教育的本质。雅斯贝尔斯论道：“真正的教育应先获得自身的本质。教育须有信仰，没有信仰就不成其为教育，而只是教学的技术而已。教育的目的在于让自己清楚当下的教育本质和自己的意志，除此之外，是找不到教育的宗旨的。”[④]通过“真正的教育”，受教育者明白自己的意志，这实质上与“提撕实体观念”是一致的。

蔡元培提倡美感教育：“虽然，世界观教育，非可以旦旦而聒之也。且其与现象世界之关系，又非可以枯槁单简之言说袭而取之也。然则何道之由？曰美感之教育。美感者，合美丽与尊严而言之，介乎现象世界与实体世界之间，而为津梁。此为康德所创造，而嗣后哲学家未有反对之者也。在现象世界，凡人皆有爱恶惊惧喜怒悲乐之情，随离合生死祸福利害之现象而流转。……人既脱离一切现象世界相对之感情，而为浑然之美感，则即所谓与造物为友，而已接触于实体世界之观念矣。故教育家欲由现象世

① 高平叔编：《蔡元培全集》（第二卷），北京：中华书局，1984年，第133页。

② ［日］柄谷行人：《跨越性批判——康德与马克思》，赵京华译，北京：中央编译出版社，2010年，第7–8页。

③ 高平叔编：《蔡元培全集》（第二卷），北京：中华书局，1984年，第133页。

④ ［德］雅斯贝尔斯：《什么是教育》，邹进译，北京：生活·读书·新知三联书店，1991年，第44页。

界而引以到达于实体世界之观念，不可不用美感之教育。”[1]蔡元培认识到现象世界的有限性与经验性，日常经验的愉悦只不过是感官的“刺激”或“感动”，具有个体经验的偶然性和相对性。人关切“离合生死”等利害，离实体世界越来越远。美的判断是主观的审美判断，美是不涉及利害的自由愉悦。怀特海论道：“美感是热烈而充满激情的，应该受到应有的尊敬。但我要进一步说明，传达罗马视野所需要的全部的拉丁文学，要比学生们在原文中可能达到的境界伟大得多。”[2]

蔡元培的美感教育建立在康德美学基础之上，康德美学的审美范畴被翻译为美丽与尊严。美感世界沟通了现象世界与实体世界，并由现象世界引向实体世界，这就是美感教育的功能。蔡元培以康德美学论证美感教育的津梁作用。美感不涉及任何利害，消除了现象世界的感官欲念。蔡元培坚信审美无利害性，区分了现象世界与美感世界，他认为教育进入观念世界，唯有美育能把人们从现象世界的强制引向实体世界的自由。原始宗教具有知、情、意三种普遍的精神作用，宗教包含智育、美育与德育的因素，随着知识和意志脱离宗教而获得独立，与宗教关系最为密切的只有情感作用了。因此，蔡元培强调美感的重要性，而不是强调宗教的作用。蔡元培提倡以美育代宗教，这表明蔡元培摆脱了康德美学对他思想的限制。在康德这里，不存在教育超越宗教，甚至取代宗教。

---

① 高平叔编：《蔡元培全集》（第二卷），北京：中华书局，1984年，第134页。

② ［英］怀特海：《教育的目的》，徐汝舟译，北京：生活·读书·新知三联书店，2002年，第127页。

第四章　朱光潜与康德

一、西学的训练

朱光潜在自传中谈到自己的学习生涯，“我从六岁到十四岁，在父亲鞭挞之下受了封建私塾教育，读过而且大半背诵过四书五经、《古文观止》和《唐诗三百首》，看过《史记》和《通鉴辑览》，偷看过《西厢记》和《水浒》之类旧小说，学过写科举时代的策论时文”[①]。朱光潜接受的传统文化教育是厚实的，他有深厚的国学素养。1918年，朱光潜进入香港大学学教育，还学习了英国语言和文学，以及生物学和心理学，为后来的学术研究确立了方向。1925年，朱光潜进入英国的爱丁堡大学，选修英国文学、哲学、心理学、欧洲古代史和艺术史，多学科的学习与教育拓宽了他学术研究的视野。朱光潜特别提到哲学导师是侃普・斯密斯教授，斯密斯教授是研究康德哲学的专家，却讲授休谟的《自然宗教的对话》。1929年，朱光潜转入伦敦大学的大学学院，后转入法国斯特拉斯堡大学，“我的论文《悲剧心理学》是在该校心理学教授夏尔・布朗达尔指导之下写成和通过的”[②]。朱光潜转益多师，西学教育与西学训练陶养了他的科学态度与研究范式。

朱光潜论及自己的学术兴趣，“我原来的兴趣中心第一是文学，其次是心理学，第三是哲学。因为欢喜文学，我被逼到研究批评的标准、艺术与人生、艺术与自然、内容与形式、语文与思想诸问题；因为欢喜心理学，

① 《朱光潜全集》（第一卷），合肥：安徽教育出版社，1987年，第1页。
② 《朱光潜全集》（第一卷），合肥：安徽教育出版社，1987年，第4页。

我被逼到研究想象与情感的关系、创造和欣赏的心理活动以及趣味上的个别的差异；因为欢喜哲学，我被逼到研究康德、黑格尔和克罗齐诸人讨论美学的著作。这么一来，美学便成为我所欢喜的几种学问的联络线索了。我现在相信：研究文学、艺术、心理学和哲学的人们如果忽略美学，那是一个很大的欠缺”[①]。朱光潜“因为欢喜”哲学，“被逼到研究”康德、黑格尔和克罗齐的美学著作，认识到美学研究的重要性。

李泽厚在《美学散步》中对比朱光潜与宗白华时说：“两人年岁相仿，是同时代人，都学贯中西，造诣极高。但朱先生解放前后著述甚多，宗先生却极少写作。朱先生的文章和思维方式是推理的，宗先生却是抒情的；朱先生偏于文学，宗先生偏于艺术；朱先生更是近代的，西方的，科学的；宗先生更是古典的，中国的，艺术的；朱先生是学者，宗先生是诗人……”[②]李泽厚指出朱光潜的学者身份，指明朱光潜学术研究的旨趣、方法和范式。

二、康德美学的定位

贺麟论说当代中国哲学时，提到朱光潜早期美学思想受到康德、黑格尔的影响，但他只是下了一个结论，至于朱光潜在哪些方面受到影响，则语焉不详。朱光潜没有出版专门研究康德美学的著作，然而，这并不意味着他略过了康德。无论是朱光潜的自白还是著述，都能看到他与康德美学的密切关系。朱光潜论说西方近代美学发展，总论了康德开创的德国观念论美学传统：“不过近代许多美学派别中有一个最主要的，就是十九世纪德国唯心哲学所酝酿成的一个派别。这派的开山始祖是康德，他的重要的门徒有席勒、黑格尔、叔本华、尼采诸人。这些人的意见固然仍是彼此纷歧，

① 《朱光潜全集》(第一卷)，合肥：安徽教育出版社，1987年，第200页。

② 宗白华:《美学散步》，上海：上海人民出版社，1981年，序，第3页。

却现出一个共同的基本的倾向。我们通常把这个倾向叫做唯心主义或是形式主义。”①

朱光潜早期潜心研究西方形式主义美学，“从康德以来，哲学家大半把研究名理的一部分哲学划为名学和知识论，把研究直觉的一部分划为美学。严格地说，美学还是一种知识论。‘美学’在西文原为aesthetic，这个名词译为‘美学’还不如译为‘直觉学’，因为中文‘美’字是指事物的一种特质，而aesthetic在西文中是指心知物的一种最单纯最原始的活动，其意义与intuitive极相近。本书为便利了解起见，仍沿用‘美学’这个译名，不过读者须先明白本书所谓‘美感的’，和‘直觉的’意义相近。‘美感的经验’就是直觉的经验，直觉的对象是上文所说的‘形象’，所以‘美感经验’可以说是‘形象的直觉’。这个定义已隐寓在aesthetic这个名词里面。它是从康德以来美学家所公认的一条基本原则，我们现在把它详加解说”②。朱光潜认为康德以前的美学是一种认识论，而康德则将美学从认识论中独立出来。从词源学上说，“美学”在希腊语中，有感觉的涵义；在鲍姆加登的美学中，有感性学之义，归属理性哲学；在康德哲学中，有两个涵义，在《纯粹理性批判》中有感性的涵义，在《判断力批判》中有直觉或者审美的涵义。美的愉悦感与直觉有关，这种美感是直观的、反思的。朱光潜探讨“美学”术语的词源，认识到美学在历史上的转变，美学与人的直觉和美感相关。朱光潜以“形象的直觉”界说“美感经验”，区分直觉的知识和名理的知识。

朱光潜解说了两种美的观念：一种是看重客观事实，认为美是物的一种特质，物本身就美，人只是被动的鉴赏者；另一种强调主观的价值，认为美是一种概念或理想。朱光潜认为这两种美的观念都不成立，他解释了康德的美的理论，认为康德兼顾“美的客观性与主观性”。不过，康德不会认同美的客观性，只会坚持美的主观性。朱光潜说：“一、美感判断与名理判断不同，名理判断以普泛的概念为基础，美感判断以个人的目前感觉为基础，所以前者是客观的，后者是主观的。二、一般主观的感觉完全是个

① 《朱光潜全集》(第一卷)，合肥：安徽教育出版社，1987年，第353页。

② 《朱光潜全集》(第一卷)，合肥：安徽教育出版社，1987年，第208–209页。

别的，随人随时而异。美感判断虽然是主观的，同时却象名理判断有普遍性和必然性。这种普遍性和必然性纯赖感官，不借助于概念。物使我觉其美时，我的心理机能（如想象、知解等）和谐地活动，所以发生不沾实用的快感。一人觉得美的，大家都觉得美（即所谓美感判断的必然性和普遍性），因为人类心理机能大半相同。”①

康德的美感判断不是认识判断，不是逻辑判断，而是审美判断。美感判断是主观的，而认识判断是客观的；美感判断以愉悦的情感为基础，不涉及任何概念，认识判断以纯粹的概念为基础。美感判断虽然是一个单称判断，但是具有主观的普遍性与必然性。在美感判断中，想象力与知性和谐自由地活动，从而产生一种宁静平和的愉悦情感。“康德超出一般美学家，因为他抓住问题的难点，知道美感是主观的，凭借感觉而不假概念的；同时却又不完全是主观的，仍有普遍性和必然性。依他看，美必须借心才能感觉到，但物亦必须具有适合心理机能一个条件，才能使心感觉到美。不过康德对于美感经验中的心与物的关系似仍不甚了解。”②朱光潜综合分析了康德的美的学说，提出康德的美的问题，认为康德重视主体以及认识能力，在美感判断中忽视了心与物（主体与对象）的关系。其实，康德并没有忽视主体与对象的关系，他强调主体与对象的表象之间的关系，而不是主体与对象之间的关系。

朱光潜区分了美感态度和批评态度：“在凝神观照中，我们不但无暇察觉到经验是否愉快，并且也无暇去判断对象的美丑，所以美感态度与批评态度有别。康德把讨论美学的一部分哲学叫做《判断力批判》（Critique of Judgment），又铸了‘美感的判断’（Aesthetic Judgment）一个名词来称呼美感观照，酿成后来学者的许多误会。美感观照是一种极单纯的直觉活动，对于所观照的对象并不加肯定或否定，所以不用判断。判断或批评是名理的活动，是以理智去判别是非美丑，与直觉有别。在批评时我是我而作品是作品，我不能沉醉在作品里面。批评的态度要冷静，要脱离沉醉的状态，

① 《朱光潜全集》（第一卷），合肥：安徽教育出版社，1987年，第345–346页。

② 《朱光潜全集》（第一卷），合肥：安徽教育出版社，1987年，第346页。

对于所观照事物加以公平正直的估价。”[①]康德的美感判断不是“名理的活动”，不是“以理智去判别是非美丑”。朱光潜认为康德以美感判断确立美感态度，而他尝试以直觉解释美感态度。

三、审美的超脱

朱光潜早期著作基本上在康德—克罗齐美学框架中诠释美学问题，审美无利害性在他的思想之中扎根。朱光潜在早期给青年的信中也贯穿了审美无利害性的观念，形成审美超脱的观念。

人需要超脱个体的欲望、实用的观念，追求一种高尚的、理想的生活。朱光潜说:“人所以异于其他动物的就是于饮食男女之外还有更高尚的企求，美就是其中之一。是壶就可以贮茶，何必又求它形式、花样、颜色都要好看呢? 吃饱了饭就可以睡觉，何必又呕心血去做诗、画画、奏乐呢?‘生命’是与‘活动’同义的，活动愈自由生命也就愈有意义。人的实用的活动全是有所为而为，是受环境需要限制的；人的美感的活动全是无所为而为，是环境不需要他活动而他自己愿意去活动的。在有所为而为的活动中，人是环境需要的奴隶；在无所为而为的活动中，人是自己心灵的主宰。”[②]

朱光潜以人的美感活动区分了人与动物，美感活动不仅丰富了生命的意义，而且提升了生命的境界，使人成为自为自由的人。朱光潜区分有所为而为的活动与无所为而为的活动，实际上是区分了认识活动与审美活动，“无所为而为”正是无目的的合目的性的另一种解释。康德论证了无目的的合目的性是审美判断的先天原则。“现世只是一个密密无缝的利害网，一般人不能跳脱这个圈套，所以转来转去，仍是被利害两个大字系住。”[③]利害与

① 《朱光潜全集》(第一卷)，合肥：安徽教育出版社，1987年，第275页。
② 《朱光潜全集》(第二卷)，合肥：安徽教育出版社，1987年，第12页。
③ 《朱光潜全集》(第二卷)，合肥：安徽教育出版社，1987年，第6页。

无利害相对，现实世界与利害相关，审美世界是无利害的。“现实界处处有障碍有限制，理想界是天空任鸟飞，极空阔极自由的。现实界不可以造空中楼阁，理想界是可以造空中楼阁的。现实界没有尽美尽善，理想界是有尽美尽善的。”[①]现实界与理想界的区分建立在康德哲学基础之上。塔塔科维奇探讨了审美经验的独特性，审美经验是无利害的，与对象的实存无关，它并不是对象本身，而是使人愉悦的表象，审美态度区别于道德态度；审美经验不涉及概念，审美态度与认知态度区别开来；审美经验只涉及对象的形式，这区分了审美愉悦与一般感官的愉悦；审美经验是一种不仅基于感觉，而且基于想象力和判断力的愉悦。[②]

朱光潜肯定艺术和美育的价值，认为美感教育是一种情感教育，文艺与美育是“解放的，给人自由的”。

首先“是本能冲动和情感的解放”。文艺的想象世界不受现实世界的束缚，文艺对情感有升华作用。其次“是眼界的解放”。美感经验解放人的眼界，“美感经验并无深文奥义，它只在人生世相中见出某一时某一境特别新鲜有趣而加以流连玩味，或者把它描写出来。这句话中‘见’字最紧要。我们一般人对于本来在那里的新鲜有趣的东西不容易‘见’着”[③]。最后“是自然限制的解放”。朱光潜指出，这是康德、席勒诸人最看重的一点。从自然世界看，一切都是有限的，人在自然状态下，受到自然的限制，同时还要受到自己的欲望驱使。处在表象的世界里，人很难摆脱自在的自然状态，进入精神世界方可获自由的状态。“在艺术创造中可以把自然拿在手里来玩弄，剪裁它、锤炼它，从新给以生命与形式。每一部文艺杰作以至于每人在人生自然中所欣赏到的美妙境界都是这样创造出来的。美感活动是人在有限中所挣扎得来的无限，在奴属中所挣扎得来的自由。”[④]这种自由不是实践判断中的道德自由，而是审美判断中的想象力的自由。

我们可以用席勒“自由游戏”的术语来表达审美的自由感，“说到底，

① 《朱光潜全集》(第一卷)，合肥：安徽教育出版社，1987年，第67页。

② W. Tatarkiewicz, *A History of Six Ideas*, Warszawa: Polish Scientific Publishers, 1980, p.323.

③ 《朱光潜全集》(第四卷)，合肥：安徽教育出版社，1988年，第148—149页。

④ 《朱光潜全集》(第四卷)，合肥：安徽教育出版社，1988年，第151页。

只有当人是完全意义上的人，他才游戏；只有当人游戏时，他才完全是人”①。米勒认为，自由游戏将审美自由与道德自由区别开来，道德法则的自由限制在其必然形式和所规定的一贯方向之中。审美判断的普遍有效性不涉及任何概念，而是归因于这样的事实，即认识能力的自由游戏的一致过程都发生在所有相似的活动中。这些能力包括负责协调直观多样性的想象力，还包括负责整合给出各种表象的知性。②在朱光潜看来，人在美中游戏，在美感活动中得到审美自由。

1936年，朱光潜在《文艺心理学》中坦言："从前，我受从康德到克罗齐一线相传的形式派美学的束缚，以为美感经验纯粹地是形象的直觉，在聚精会神中我们观赏一个孤立绝缘的意象，不旁迁他涉，所以抽象的思考、联想、道德观念等等都是美感范围以外的事。现在，我觉察人生是有机体；科学的、伦理的和美感的种种活动在理论上虽可分辨，在事实上却不可分割开来，使彼此互相绝缘。因此，我根本反对克罗齐派形式美学所根据的机械观，和所用的抽象的分析法。"③康德—克罗齐的形式主义美学对朱光潜早期思想产生了深刻的影响。早期，朱光潜坚持美感经验的自主性和纯粹性，区分美感经验与日常经验。后来，朱光潜批判康德对于道德与审美的严格区分，从心理学出发放弃了康德的这种理论区分，同时反对克罗齐的形式主义美学，开始告别康德美学，远离康德美学奠定的形式主义美学传统。

① ［德］弗里德里希·席勒：《审美教育书简》，冯至、范大灿译，北京：北京大学出版社，1985年，第80页。

② R. D. Miller, *Schiller and the Ideal of Freedom*, Oxford: Clarendon Press, 1970, p.71.

③ 《朱光潜全集》（第一卷），合肥：安徽教育出版社，1987年，第197–198页。

第五章　宗白华与康德

宗白华，中国美学家、诗人，曾任上海《时事新报·学灯》主编；先后任教于东南大学、南京大学与北京大学。宗白华喜欢德国古典哲学，研究德国狂飙突进运动时期的文学，喜爱歌德的文学。“文德尔班在谈到康德的《判断力批判》时说，它仿佛先验地构成了歌德诗歌的概念。他还指出，歌德诗歌的成就以及他的诗歌创作活动源于《判断力批判》，且是为它所要求的，是出于哲学思想的纯粹必然性。”①从宗白华的美学研究，可以看到文学与哲学之间的内在关联。

一、康德哲学的阐释

1918年，宗白华开始阅读《纯粹理性批判》。1919年，宗白华在北京《晨报》副刊《哲学丛谈》发表《康德唯心哲学大意》一文。“德国近世实证学派诸家，皆出于康德，承康德之旨也（有所谓新康德学派，即是实证学派，因康德言一切唯心，而学术皆由实验而得）。虽然，康德远矣，岂唯物、实证两派之所能至。康德哲学，实汇两派之精义，以建立其最高唯心之理，体大思精，包罗万象。唯物、实证两派，实含摄其中。存其真义，去其偏执，破收并行，以成康德，证据坚确，千古不易之唯心哲学。”②“存其真义，去其偏执，破收并行”是康德折中综合的哲学策略。

① ［德］E.卡西勒：《启蒙哲学》，顾伟铭、杨光仲、郑楚宣译，济南：山东人民出版社，1988年，第272页。

② 《宗白华全集》（第一卷），合肥：安徽教育出版社，1994年，第11页。

宗白华在《康德空间唯心说》一文中阐发了康德的空间学说，区分了唯心论与唯物论的空间概念。唯物派认为时间和空间“实有其相”，唯心派认为时间和空间“实无自体”。吾人所见，空间与时间中的世界皆是唯心现象，康德哲学的先验唯心论汇集了唯物与实证两派的精义。康德对时间和空间的形而上学和先验阐明扬弃了传统形而上学的时间和空间观念。阿利森认为，形而上学的阐明确立了一个特定表象的先天起源，而先验的阐明则显明这个表象如何为其他先天综合知识的可能性奠定了基础。“形而上学的阐明有两个目标，它们都涉及起源的问题。第一个目标是要显明，空间和时间的表象是先天的，即它们有着非经验性的起源。第二个目标则是要显明，这个起源在于感性，因为它们在性质上是直观的而不是概念的。”[①]康德扬弃了唯理论和经验论传统中的时空概念，认为时间与空间是感性直观的先天形式。

宗白华总论康德批评论：“康德可以算得认识论的创造建立者。因为他有一部有统系有条理的认识学（纯理性批判），从纯粹数学与纯粹自然学上建立‘先天知识说’，以决定知识之标准与价值。这‘先天知识说’是康德毕生竭精殚虑所发阐的精理。”[②]“先天知识说”的论证是康德哲学最精深的部分。康德批评论有广义与狭义的区别，广义的批评论须先研究知识的本源，考察知识的效用范围，以决定是否建立形而上学；狭义的批评论是康德自己的认识批评论，分析普遍性和决定性的知识，研究这种知识的起源与效用范围。[③]

宗白华在《萧彭浩哲学大意》一文中概论叔本华哲学：“德国大哲康德出，倡空时因果先天之说。唯心主义，为之文明。继康德而起者多人，而萧彭浩最为杰出。造《世界唯意识论》，人谓此书，集欧洲形而上学之大成，其义尤与佛理相契合，阅者自明，今不强解。”[④]宗白华认为康德是德国观念论的先驱，尝试以佛理来参证与理解叔本华哲学，类似于梁启超对于

---

① ［美］亨利·E. 阿利森：《康德的先验观念论——一种解读与辩护》，丁三东、陈虎平译，北京：商务印书馆，2014年，第135页。

② 《宗白华全集》（第一卷），合肥：安徽教育出版社，1994年，第65页。

③ 《宗白华全集》（第一卷），合肥：安徽教育出版社，1994年，第65–66页。

④ 《宗白华全集》（第一卷），合肥：安徽教育出版社，1994年，第3页。

康德的诠释。从思想来源看，叔本华的确受到佛理的影响，然而，《作为意志和表象的世界》也不仅仅“与佛理相契合”，主要与德国哲学传统相契合。

宗白华在《欧洲哲学的派别》一文中梳理了西方哲学的派别，分述了欧洲哲学中的认识论与本体论。宗白华认为，普通哲学概论先谈本体论，再谈认识论，而欧洲近代哲学先谈认识论，再谈本体论。认识论是英国经验论和德国观念论的一个重大哲学问题：什么是人生正确知识的“标准”？解决这个问题的手段就是研究知识的本源、界限、原则、效用及其本体。①

二、阐释康德哲学的方法

宗白华以佛学格义康德哲学：“康德分别两种心相，一曰形而下心相。一曰形而上心相。色声香味触者，形而下心之所取心相也。物质世界，运动迁流，占据于空间时间，立于色相世界之后者，形而上心之所取相也。吾人直觉所感，色为眼识，声为耳识，香为鼻识，味为舌识，触为身识，此皆直觉所得。然此等色相，皆主观唯心。物之自相，不如是也。”②

就概念而论，相、识皆为佛学概念，宗白华以佛学概念阐释康德哲学概念，改变了康德哲学概念的本义。王国维论严复翻译时说道：“侯官严氏，今日以创造学语名者也。严氏造语之工者固多，而其不当者亦复不少。兹笔其最著者如‘Evolution’之为‘天演’也，‘Sympathy’之为‘善相感’也。”③“天演”之于“进化”，“善相感”之于“同情”，难以分辨Evolution与Sympathy之本义。王国维指出，西学术语的汉译问题尚且不少，以古语翻译西学术语的问题更多，以佛学概念翻译与比附西学术语，产生的问题会更加严重。

如果说宗白华以佛学概念阐释康德哲学概念只是小试牛刀，那么他以

① 《宗白华全集》（第一卷），合肥：安徽教育出版社，1994年，第61页。
② 《宗白华全集》（第一卷），合肥：安徽教育出版社，1994年，第11页。
③ 周锡山编校：《王国维集》（第二册），北京：中国社会科学出版社，2008年，第306页。

佛理参契康德哲学则是越陷越深。宗白华说："康德书中，最精两语，即是说一切诸法，具有形下实相（对形下之心言），而同时为形上虚相（对形上之心言），事理无二，几于佛矣。《易》云：形而上者谓之道，形而下者谓之器。佛家性宗谓诸法即空即假即中。与康德之意，不谋而合。东西圣人，心同理同，此之谓欤！"[①]将康德哲学精义与佛学要义衔接与对勘，你中有我，我中有你，康德俨然成了东方大哲或佛学大师，"东西圣人，心同理同"。宗白华以中学阐释西学是中国学者最初接受西学时惯用的方法，当然，这种阐释需要深厚的传统文化功底。

宗白华在按语中说："康德所言，形而上心，与佛家相所说第八识分齐颇相似。第八识内变根身，外变器界，根身即康德之形而下心，器界即今之物质世界。形而下心及物质世界，皆康德形而上心之行相也。康德说为形而上心之取相动能。附译名原文：形而上心=Transzendentales subjekt 形而下心=Emrisches subjekt形上虚相=Transzendentale Idealität? 形下实相=Emrische Realität。"[②]宗白华认为，康德哲学与佛学无"扞格之虞"，可以彼此"交通"，研究义理相同。尽管存在诸多比附，宗白华依然进行了严谨的学术研究，他主张"研究真实学术"，多"研究学理"，少谈论"主义"。宗白华以佛学格义康德哲学产生诸多问题。

宗白华以佛学概念翻译康德与叔本华哲学的核心概念与范畴，不管是"相"、"心"、"体"还是"根"，这些语词是不是很好或者恰当地阐释了西学术语的本源义？如果恰当的话，那么这些术语在哪个层面上说是恰当的？如果不恰当，那么问题又出现在哪里呢？对此，可用以上例子加以阐发，对照宗白华与当下学界的术语翻译，宗白华将Transzendentales Subjekt译为"形而上心"[③]，一般译为"先验主体"；Empirisches Subjekt译为"形而下心"，一般译为"经验主体"；Transzendentale Idealität译为"形上虚相"，

---

① 《宗白华全集》（第一卷），合肥：安徽教育出版社，1994年，第14页。

② 《宗白华全集》（第一卷），合肥：安徽教育出版社，1994年，第14页。
按：据德文原版，"subjekt"为"Subjekt"，"Emrisches"为"Empirisches"，"Emrische"为"Empirische"。本书相关术语表述均以德文原版为准。

③ 宗白华在《欧洲哲学的派别》一文中，将Transzendentales Subjekt译为"超尚的心"，这亦难以理解。

一般译为“先验的观念性”；Empirische Realität译为“形下实相”，一般译为“经验的实在性”。宗白华以佛学术语翻译康德哲学术语略显晦涩，有时不知所云。这种术语翻译在内涵与外延上忽略了佛学术语与西学术语的根本差异。相比较而言，当下通行的翻译更加明确。依照宗白华的翻译，很难真正理解康德哲学的要义，如果依照他的翻译理解，难免坠入术语的深渊之中，难以抵达康德哲学的堂奥，更不容易把握康德哲学的精髓。

宗白华以佛理阐释康德哲学要义，这种参契隐含了这样的逻辑，即佛理与康德哲学的义理是一致的，“只是殊途同归”而已。然而，只有进入到佛学与康德哲学，阐发各自义理，才能明白宗白华阐释的有限性。这种阐释是一种过度“阐释”，更多来自研究者的一种学术想象，这或许与宗白华阐释康德哲学的方法有关。康德哲学概念与佛学概念等同时，给我们造成的困难尚可理解，一旦西学与佛学等同视之，问题就接踵而至了。

在中国哲学与西方哲学之间，从术语到思想，宗白华旨在“求同”。这种“求同”思维往往遮蔽了中西思想的根本差异。就中西文化而言，这些差异是最根本的也是最关键的，如果忽视这些差异，就会一叶障目。中国哲学与西方哲学各有其明确与创造性的概念，有其独特的思维方式，有其内在的理路。需要追问的是：宗白华以佛学逻辑对接康德先验方法，是否可行？以佛学思想沟通康德先验哲学是否有效？

对于昔日研究方法存在的问题，宗白华在后来的著述中有深刻的反思。宗白华在《中国的学问家—沟通—调和》一文中反思了中国学者“两种极强烈的嗜好与习惯”，那“就是沟通与调和”。“自晋魏以后”，中国学者“求释老的沟通，儒佛的调和，不是拿佛理来解释庄子，就是拿孔道来充抬佛学”。“到了近代欧美学说输入中国，中国学者的融会力与沟通力又得了一大片运用的地方。今天拿庄子来包括达尔文，明天拿佛理来讲解康德，（这是我自己做过的事！）巧妙玄微，不可思议，沾沾自喜，想入非非，实令人好笑又好气。”[①]西学东渐，中国学者还在运用“沟通与调和”的方法，“所以我们须向着真理的真面目上去观察，不必把古人的陈说来沟通调和，数

① 《宗白华全集》（第一卷），合肥：安徽教育出版社，1994年，第112页。

量比较，想从这个中间得出一个真理来。但是我并不是说诸君从此就不必去研究古今中外的学术，我的意思希望吾国学者打破沟通调和的念头，只要为着真理去研究真理，不要为着沟通调和去研究东西学说”[①]。宗白华批评了“沟通与调和”的学术研究方法，剖析自己以往的学术研究，反思以中国学说比附西方学说的方法。[②]

三、康德美学的化用

以佛学概念翻译西学概念，这只是宗白华学术生涯早期的研究方法。宗白华相信学者的责任旨在探求真理，在《讨论译名的提倡》一文中，他反思了学术翻译问题，探讨了学术译名问题。宗白华指出中国文学的结构和文法的结构与西洋的差异，中文名词蕴含的思想与观念和西洋近代产生的新思想与新观念并不相符，以旧名词来翻译西洋学说的新思想，最终会莫名其妙。“翻译西文第一步的手续就是译名。译名不妥当，不单是翻了等于不翻（因不能使读者得明白正确的观念），并且还要引起许多观念上的误会，思想上的谬误，既对不起著者，又对不起读者。”[③]我们可以从学术译名的翻译与理解来阐发宗白华对康德美学的化用。

宗白华在《美学》讲稿中论及静观，“Contemplation（静观）此字之意，即停止一切冲动，用极冷静之眼光观察之。叔本华谓吾人若用Contemplation之状态，去观察，实为审美之要道”[④]。宗白华在西学语境中翻译与理解“静观”概念。在康德美学中，静观得到明确的规定。康德说：

① 《宗白华全集》（第一卷），合肥：安徽教育出版社，1994年，第114页。

② 郭沫若在致宗白华的一封信里也批判了这种研究方法。郭沫若认为，研究一个人的思想，尤其是我国古人的思想，应当考索的范围：“（一）其思想之真相；（二）其思想之发生史的研究及在思想史上的位置；（三）其思想与其个性间相互之关系；（四）其思想与其环境间相互之关系。如是而已。说到‘沟通’，说到‘调和’，便是蛇足！”参见《宗白华全集》（第一卷），合肥：安徽教育出版社，1994年，第152页。

③ 《宗白华全集》（第一卷），合肥：安徽教育出版社，1994年，第201页。

④ 《宗白华全集》（第一卷），合肥：安徽教育出版社，1994年，第437-438页。

“与此相反，鉴赏判断纯然是静观的，也就是说，是一种对一个对象的存在漠不关心、仅仅把对象的性状与愉快和不快的情感加以对照的判断。”①静观不集中于概念，也不基于概念。叔本华指出：“如果人们由于精神之力而被提高了，放弃了对事物的习惯看法，不再按根据律诸形态的线索去追究事物的相互关系——这些事物的最后目的总是对自己意志的关系——，即是说人们在事物上考察的已不再是‘何处’、‘何时’、‘何以’、‘何用’，而仅仅只是‘什么’；也不是让抽象的思维、理性的概念盘踞着意识，而代替这一切的却是把人的全副精神能力献给直观，浸沉于直观，并使全部意识为宁静地观审恰在眼前的自然对象所充满，不管这对象是风景，是树木，是岩石，是建筑物或其他什么。”②康德与叔本华强调美的判断是静观的，这是从先验观点来分析的。静观本身不涉及概念，与对象的存在无关。宗白华基本上移植了康德与叔本华对于静观的理解与诠释。

在《论文艺的空灵与充实》一文中，宗白华明显将静观概念中国化和经验化了。“艺术心灵的诞生，在人生忘我的一刹那，即美学上所谓‘静照’。静照的起点在于空诸一切，心无挂碍，和世务暂时绝缘。这时一点觉心，静观万象，万象如在镜中，光明莹洁，而各得其所，呈现着它们各自的充实的、内在的、自由的生命，所谓‘万物静观皆自得’。这自得的、自由的各个生命在静默里吐露光辉。”③宗白华的“静照”具有中国特色，与中国艺术一样富有禅意，强调心灵的“空”，是“心灵造境”的美感经验。宗白华论晋人的美时说：“王羲之另有两句诗云：‘争先非吾事，静照在忘求。’‘静照’（Contemplation）是一切艺术及审美生活的起点。这里，哲学彻悟的生活和审美生活，源头上是一致的。晋人的文学艺术都浸润着这新鲜活泼的‘静照在忘求’和‘适我无非新’的哲学精神。”④

在不同时期，宗白华对于Contemplation的翻译是不同的。Contemplation译为“静观”时，宗白华只关注到概念的西学语境，几乎没有考虑到中国

① 李秋零主编：《康德著作全集》（第5卷），北京：中国人民大学出版社，2007年，第217页。

② ［德］叔本华：《作为意志和表象的世界》，石冲白译，杨一之校，北京：商务印书馆，1982年，第249–250页。

③ 《宗白华全集》（第二卷），合肥：安徽教育出版社，1994年，第345页。

④ 《宗白华全集》（第二卷），合肥：安徽教育出版社，1994年，第275页。

艺术精神与特征；Contemplation译为“静照”时，宗白华认识到中西文化与艺术之间的差异，“静照”与中国艺术意境相关，因此，这一翻译极具创造性。宗白华翻译Contemplation，最先照着讲，后来对着讲，最后是“自己讲”，每一次翻译都是一次转化和创造。

宗白华说：“而空时因果，唯心所造（康德哲学即发明此义，其理闳深，今不详解），故此世界，终唯我见，其真体决不同兹现象也。”①时间与空间不是康德哲学的基本范畴，而是康德认识论中的重要问题。德勒兹指出：“空—时关系对于概念关系是充分的（尽管在自然中它们存在差异），正如康德所论，这是一个幽深的谜团与一种隐藏的艺术。但我们不应该从这个文本中推断，图式化是想象力最深层的行为，或者它的最自发的艺术。”②宗白华认为，时间与空间没有“体相”，是“唯心假相”。康德以自然科学论证“空时唯心”，其义精微。“宇宙万象，外之空间之物质，内之时间之精神，皆唯心现象，皆非真境。而宇宙唯心，乃对形而上心言。”③康德探讨了时间与空间中的现象，现象是知性认识的对象。“空间只对于我们的外在直观有意义，而时间也适用于我们内在的自我直观，为适用于‘内感’，一如康德之所言。若此内感是一切外在知觉的基础，则时间也适用于空间的表象方式（纵使只是以间接的方式）。这是时间和空间之根本差异：时间是感性之更基本的原则。”④宗白华生发出“宇宙万象，外之空间之物质，内之时间之精神”，实乃自己的新见。宗白华最初试图以佛学概念阐释时间与空间，自有其偏颇之处，但他没有止步于此，而是在中国文化根源中发现中国传统的时间与空间观念的独特性。

宗白华认为，中国人的宇宙概念与庐舍有关。“宇”是屋宇，“宙”是由“宇”中出入往来。空间与时间合成中国古人的宇宙，从而安顿着中国古人的生活。中国古人的空间与时间不能分割，春夏秋冬与东西南北相配，时间的节奏率领空间方位构成中国人的宇宙。“中国则求正位凝命，是即生命

---

① 《宗白华全集》（第一卷），合肥：安徽教育出版社，1994年，第4页。

② Gilles Deleuze, *La philosophie critique de Kant*, Paris: Presses Universitaires de France, 1963, p.29.

③ 《宗白华全集》（第一卷），合肥：安徽教育出版社，1994年，第13页。

④ Hans Michael Baumgartner:《康德〈纯粹理性批判〉导读》，李明辉译，台北：联经出版事业公司，1988年，第59页。

之空间化，法则化，典型化。亦为空间之生命化，意义化，表情化。空间与生命打通，亦即与时间打通矣。”[①]中国人的空间感知凝聚了生命体验和时间感受，康德的空间是外在感官的先天形式。“原来人类的空间意识，照康德哲学的说法，是直觉性的先验格式，用以罗列万象，整顿乾坤。然而我们心理上的空间意识的构成，是靠着感官经验的媒介。我们从视觉、触觉、动觉、体觉，都可以获得空间意识。”[②]中国人的多元感知经验不同于西方视觉至上的观念。中国人的空间意识不是感性直观的先天形式，而是要通过各种感官去感知、体验，获得，既有日常生活感官经验，又有节奏化、音乐化的宇宙意识。宇宙意识是由时间意识主导的，时间意识具有优先性。

① 《宗白华全集》(第一卷)，合肥：安徽教育出版社，1994年，第612页。
② 《宗白华全集》(第二卷)，合肥：安徽教育出版社，1994年，第142页。

第六章　牟宗三与康德

牟宗三在《五十自述》中陈述了自己的学术志向，沉潜中国文化传统，关注哲学大家康德。牟宗三自述十五岁之前的成长只是“混沌”中散发出的一道道清光，只有“呈现”或“展示”，没有“如何”与“为何”。牟宗三述及在北大哲学系四年学习经历时，认为自己没有接上西方传统哲学，对于康德和黑格尔，“则尤隔”。牟宗三晚年反省时说：“尤其对于康德、黑格尔，更须有学力与精神生活的转进，方能相契。”①“五十而后，吾之生命集中于往学之表述，如是，遂有诠表中国各期思想之专著之写成。如《才性与玄理》乃写魏晋期者也，《佛性与般若》乃写隋唐佛教者也，《心体与性体》乃写宋明期者也。同时译注康德之第一、第二两批判以资对照，并著《现象与物自身》以及《圆善论》以明对于康德前两批判之消化。今后将拟写〈真美善之分别说与合一说〉以明对于康德第三批判之消化。”②

一、《判断力批判》的翻译

牟宗三翻译《判断力批判》似乎是“无心插柳柳成荫”，他最初无意翻译此书。牟宗三完成《圆善论》之后，偶见并购得宗白华翻译的《判断力批判》，牟宗三“归而读之，觉其译文全无句法，无一句能达”③。牟宗三说：“宗白华先生一生讲美学，又留德，通德文，何至如此？又想宗先生虽

① 《牟宗三先生全集》(32)，台北：联经出版事业股份有限公司，2003年，第38页。
② 《牟宗三先生全集》(32)，台北：联经出版事业股份有限公司，2003年，序，第3页。
③ 《牟宗三先生全集》(16)，台北：联经出版事业股份有限公司，2003年，译者之言，第6页。

一生讲美学，然其讲法大都是辞章家的讲法，不必能通康德批判哲学之义理。世之讲美学者大抵皆然，以为懂得一点文学，即可讲美学，故多浮辞滥调，焉能望其契入康德之义理？吾有感于宗先生之不能尽此责，如是，遂取Meredith之英译本逐句细读，据之以译成中文。”①

牟宗三不满意宗白华的译文，认为译文“不达”难以准确传达出康德美学的义理，他觉得困惑的是，宗白华曾留学德国，通德文，本应该不至于如此。牟宗三批评宗白华不懂康德批判哲学，以“辞章家”的方式难以抵达康德哲学的堂奥。因此，牟宗三认为宗白华没有完成翻译的任务，没有尽到翻译的责任。这成为牟宗三翻译《判断力批判》的一个契机。

牟宗三翻译《判断力批判》时做了如此的说明：“只闻人言，康德欲以《第三批判》之审美判断沟通「自然」与「自由」之两界，遂略有憧憬，然不知其详也。吾先译出此〈引论〉，继之再译〈审美判断之分析〉，初只想译关于「美」之分析，不译关于「崇高（庄严伟大）」之分析，以为中国传统智慧对此方面甚有品题，故欲略之。后来终于全部译出。继之复将〈目的论的判断力之批判〉译出，如是，遂成上、下两册之全文。”②

二、《判断力批判》的商榷

牟宗三立足于中国哲学和智慧来消化和解读《判断力批判》：“读者读《现象与物自身》，可解吾如何依中国传统智慧消化《第一批判》；读《圆善论》，可解吾如何依中国传统智慧消化《第二批判》；读此〈商榷〉长文，可解吾如何依中国传统智慧消化此《第三批判》。”③牟宗三以《商榷：以合目的性之原则为审美判断力之超越的原则之疑窦与商榷》来消化与解读《判断力批判》。

① 《牟宗三先生全集》(16)，台北：联经出版事业股份有限公司，2003年，译者之言，第6页。
② 《牟宗三先生全集》(16)，台北：联经出版事业股份有限公司，2003年，译者之言，第7页。
③ 《牟宗三先生全集》(16)，台北：联经出版事业股份有限公司，2003年，译者之言，第7–8页。

牟宗三翻译《判断力批判》，创造了许多哲学概念译名。如决定性判断译为有向判断，反省判断译为无向判断，法则性的概念（纯粹的概念）译为存有论的概念，趣味译为审美品味。这些译名不只是翻译术语，而是经过文化过滤与文化转化的概念，具有牟宗三哲学的特质。牟宗三在《商榷》中从汉语语境重新规定了这些译名，因此这些译名具有中国文化意味。

牟宗三指出，康德的反思判断力需要一个先验原则，这个原则不能来自经验的原则。“反省判断力只能把它当作一法则从其自身而给出，并且把它当作一法则给与于其自身。这即表示说：此一超越的原则纯是一个形式的，轨约的主观原则。说它由反省判断力自身而给出，这表示说：它不能由任何其他地区而引生出。若由其他地区引生出，则判断力必应是一决定性的判断力。说反省判断力把此超越原则当作一法则由其自身而给出，给出来单给与于其自己，这表示说：并不是把它给出来给与于自然，替自然立法以去规定自然。”[①]牟宗三的理解是到位的。的确，在《判断力批判》的序言、第一导言和导言中，康德皆强调自己的任务乃是确立判断力的先验原则，明确它的界限。因此，对于反思判断力，这一先验原则的寻求和确定成为重中之重。同时，正是借助这一先验原则，区分与规范了“美学”的居留地。诚然，美学在康德批判哲学中并没有独立的领域。然而，与其他先验原则相比，反思判断力的先验原则有些“另类”，一是这一先验原则来自自身，二是这一原则只能给予自身。因此，这一原则不涉及对“他者”的规定，只是“自扫门前雪”。要理解康德的第三批判，反思判断力的先验原则是关键，诸多美学问题受到这个先验原则的“轨约”。这样看来，牟宗三围绕第三批判的先验原则来论康德美学是颇具匠心的。

至于自然形式的合目的性的先验原则，牟宗三分析了康德的合目的性概念：“一对象之概念，当其同时含有此对象底现实性之根据时，它即被名曰此对象之目的。而「一物之与那『只依照目的而可能』的事物之构造或本性相契合」之契合便被名曰此一物底形式之「合目的性」。”[②]这段引文非

① 《牟宗三先生全集》(16)，台北：联经出版事业股份有限公司，2003年，第5页。

② 《牟宗三先生全集》(16)，台北：联经出版事业股份有限公司，2003年，第113页。

常重要，康德界定了合目的性概念，而合目的性的定义与目的概念相关。这里一环扣一环，定义联系着定义，因此，理解上存在诸多难点。卡西尔认识到，最困难的是，康德非常抽象地定义了目的。[①]康德的目的概念与道德相关，也就是说，目的概念是道德哲学中的一个重要概念。虽然合目的性概念与目的概念相关，但是合目的性概念不是道德概念，而是反思判断力的一个重要概念。合目的性概念既不是自然概念，也不是自由概念。

牟宗三认为康德的合目的性概念的理论渊源来自亚里士多德的"四因说"。"四因说中的'目的因'，英文是'final cause'，吾有时根据《易传》亦译为'终成因'，此更切合'final'一词之义。而德文之'Zweckmäßigkeit'（合目的性），Meredith译为'finality'，实较其他两译译为'purposiveness'为佳，更富学院性。"[②]先暂且不论翻译的得失，牟宗三将目的概念追溯到亚里士多德，极具哲学眼光。然而，牟宗三始终想以中国思想和智慧消化康德的思想，这种以中化西的方法不能说不对，只是需要把握一个度，如果过度运用就会陷入"六经注我"的境地。这样一来，康德思想就变成中国哲人的或者牟宗三自己的思想了。

牟宗三考察了合目的性与审美判断以及目的论判断之间的关系，认为合目的性并不契合审美判断。"此一原则之确立是由繁多的自然形态以及其特殊的经验法则之反省默察而悟入，故其切义似乎于反省判断力之表现而为「目的论的判断」方面更为显明，也就是说，于「上帝存在之自然神学的证明」方面更为显明。"[③]如果说牟宗三论证了自然形式的合目的性概念并不适合纯粹的审美判断，那么，牟宗三也就否定了《判断力批判》中最根本的先验原则。如果没有这一先验原则，审美判断就失去了存在的理论根基。

卡西尔认识到反思判断力先天原则的重要性："我们或许认为，既然《纯粹理性批判》已提出自然的先天诸原则，同时《实践理性批判》确定了

① H. W. Cassirer，*A Commentary on Kant's Critique of Judgment*，London：Methuen & Co. Ltd.，1938，p.121.

② 《牟宗三先生全集》(16)，台北：联经出版事业股份有限公司，2003年，第8页。

③ 《牟宗三先生全集》(16)，台北：联经出版事业股份有限公司，2003年，第9页。

自由的先天诸原则，我们已探讨了哲学中的所有可能的先天原则。这的确是真的，或者存在属于判断力的一种先天原则吗？从一开始，显而易见，判断不是一种独立的认识能力，而只是介于其他两种认识能力，即知性与理性之间的一种认识能力。任何判断力拥有的先天原则将完全不同于知性与理性的先天原则，这些原则借助概念构成客观的自然世界与自由世界。判断力不产生任何客观的概念，既非范畴（知性概念），亦非理念（理性概念），这是不可能的，应该认识到殊相与共相的关系，如同另外两种能力一样。然而，假设判断力应该有一种主观原则，这不是不可能的。"[①]自然形式的合目的性原则是一种主观原则，而不是一种客观原则；是一种先验原则，而不是一种形而上学原则。

牟宗三否定了康德反思判断力的先天原则，即自然形式的合目的性的先验原则，他尝试为反思判断力找寻其他的先天原则，认为审美无利害性是反思判断力的先天原则。"审美判断即是妙感妙慧之品鉴，品鉴即是静观默会。故「反照判断」亦曰「无向判断」。「无向」云者无任何利害关心，不依待于任何概念之谓也。有利害关心即有偏颇，偏颇于此或偏颇于彼，即有定向。而任何概念亦皆指一定向。康德诠表审美之第一相即质相为「独立不依于一切利害关心」乃最为肯要之语，最切审美判断之本性者。"[②]牟宗三认为，审美判断的先验原则应该是"无向原则"。无利害性是审美判断的质的规定性，重要性不可否认。如果审美无利害性成为审美判断的先验原则，那么就解构了康德的《审美判断力批判》。牟宗三自认为在自然形式的合目的性的先验原则中发现了康德美学理论的漏洞，指出康德在第三批判中存在内在的矛盾。

牟宗三追问康德思想的这种"滑转"根据何在？康德从先验的观点建构批判哲学，合目的性原则贯穿第三批判，主观的合目的性是审美判断力的先验原则，客观的合目的性是目的论判断力的先验原则。依照牟宗三的观点，合目的性原则成为引爆康德第三批判的导火索，这一点是不能成立

① H. W. Cassirer, *A Commentary on Kant's Critique of Judgment*, London: Methuen & Co. Ltd., 1938, pp.107-108.

② 《牟宗三先生全集》(16)，台北：联经出版事业股份有限公司，2003年，第69页。

的。牟宗三注意到合目的性原则与审美判断的关系，然而他在这之间掘出一道理论鸿沟，割裂了彼此的内在关系。

牟宗三也认为判断力实现了沟通自然与自由的任务，康德在第三批判导言里明确指出过这一任务。对于自然与自由的认识，牟宗三说："既然把全部自然界可以基于一个超感触的根据上，则全部自然界即可统属于一超感触的根据，这在康德当然就是「道德的神学」之所完成，也就是「目的论的判断」之所完成，而在中国就是儒家道德的形上学之所完成。"[①]按照牟宗三的观点，目的论判断力批判的归宿是道德哲学，这也是康德哲学的最终目标。至于美的分析的解说，牟宗三与其他中国学者大致类似，在此不再赘述。

三、《判断力批判》的消化

牟宗三没有受到康德美学的限制，消化与转化康德美学。在《判断力批判》中，康德重在真、美、善的区分，牟宗三则重视真、美、善的关系。牟宗三对真、美、善做了分别说与合一说的诠释。

"分别说的「真」是生命之窗户通孔，生命之「呼吸原则」，但只通至现象而止，未能通至物如，故虽显'真'之独立意义，亦有其限制。

"分别说的「善」是生命之奋斗，生命之提得起，是生命之「精进不已之原则」，但亦只在精进中，未至全体放下之境，虽显善之独立意义，但亦常与其他如真与美相顶撞，未臻通化无碍之境。

"分别说的「美」是生命之「闲适原则」，是生命之洒脱自在。人在洒脱自在中，生命始得生息，始得轻松自由而无任何畏惧，始得自由之翱翔与无向之排荡。但此是妙慧静观之闲适，必显一「住」相。"[②]

---

① 《牟宗三先生全集》(16)，台北：联经出版事业股份有限公司，2003年，第29页。

② 《牟宗三先生全集》(16)，台北：联经出版事业股份有限公司，2003年，第79-80页。

牟宗三的这种分别说或许源于康德哲学的启发。康德区分了知性、理性与判断力，确定了各自的范围和先验原则。康德批判哲学区分了认识论、美学与伦理学，康德的这些区分并没有否定彼此间的关系。在《判断力批判》中，康德完成批判哲学的事业，建构批判哲学的系统性与整体性。古留加指出："《判断力批判》的主要成果也就在于一方面指出，美学的东西既不能归结为知识，也不能归结为道德，但同时又强调指出美与真和善的不可分割的联系。美学的东西是某种不同于认识和道德的东西，它是认识与道德之间的特殊'桥梁'。"①牟宗三说："分别说的真指科学知识说，分别说的善指道德说，分别说的美指自然之美与艺术之美说。三者皆有独立性，自成一领域。此三者皆由人的特殊能力所凸现。"②牟宗三主要根据康德的哲学理路阐发真美善分别说。牟宗三用康德做桥梁，以康德哲学为媒介，吸收西方哲学以重铸中国哲学，撑起中国义理。牟宗三认为自己的哲学研究接近了康德，进而理解与学习康德"那套架构的思辨"。牟宗三运用康德的建筑术，诠释真美善分别说，这可以看出康德对牟宗三影响的深度。

如果说真美善分别说只是牟宗三的出发点，揭示了康德哲学理论的内在性，那么真美善合一说则是牟宗三的哲学创造。何谓真、美、善的合一？"此所谓合一不是康德所说的「以美学判断沟通自由与自然之两界合而为一谐和统一的完整系统」之合一，乃是于同一事也而即真即美即善之合一。此一「合一」之妙境非西哲智慧所能及。"③牟宗三的真美善合一说试图摆脱康德哲学的限制，不是康德哲学的再建构，而是中国智慧的再发现，与道德境界有关，建立在儒家内省传统之上。真、美、善合一的根基在于道德心，实践理性的道德心贯穿三者之中。"因为道德实践的心是生命之奋斗之原则，主观地说是「精进不已」(纯亦不已)之原则，客观而绝对地说是「于穆不已」之原则，因此其极境必是「提得起放得下」者。「尧舜性之」是此境，「大而化之之谓圣」亦是此境。「天地之常以其心普万物而无心，圣

① [苏联]阿尔森·古留加:《康德传》，贾泽林、侯鸿勋、王炳文译，北京：商务印书馆，1981年，第273页。

② 《牟宗三先生全集》(16)，台北：联经出版事业股份有限公司，2003年，第76页。

③ 《牟宗三先生全集》(16)，台北：联经出版事业股份有限公司，2003年，第80页。

人之常以其情应万事而无情」，亦是此境。道家玄智、佛家般若智皆含有此境。禅家「即心是佛，无心为道」亦函此境。”[①]牟宗三道德心的界说涵摄中国文化传统的精华，真美善合一说实际上是对人的全面塑造与教化。牟宗三认为康德哲学没有达到“合一”之境，而中国儒圣的“以道德心之纯亦不已导致此境”最为恰切。这是一个渐进的人文化成过程，需要迈过不同的关口。牟宗三认为，“克己复礼”是第一关，以大体克服小体。“充实而有光辉之谓大”是第二关，显崇高之伟大相。“大而化之之谓圣”是第三关，圣境即化境，此境是无相原则的体现。因此，圣人“游于艺”，乃是一种“洒脱之美”。“故圣心无相是「即善即美」，同时亦是「即善即真」，因而亦即是「即真即美即善」也。”[②]

牟宗三解释了分别说的真、美、善与合一说的真、美、善之间的关系。在分别说中，真、美、善各有其独立的意义，“各不相干”。在合一说中，“真是「物如」之存在，善是「天理」之平铺，美是「天地之美，神明之容」，美无美相”[③]。牟宗三以类比来解释分别说与合一说的关系，“我们只能说：分别说的美是合一说的美之象征，分别说的真是合一说的真之象征，分别说的善是合一说的善之象征”[④]。牟宗三商榷《判断力批判》，提出真美善分别说与真美善合一说，他强调的是真美善合一说，并借用横渠四句阐明真美善合一说的真正用意，也是愿景，“为天地立心，为生民立命，为往圣继绝学，为万世开太平”[⑤]。

蔡仁厚非常推崇牟宗三商榷《判断力批判》的这篇论文：“此文系译述康德《判断力之批判》之后，以中国儒家之传统智慧，再作真美善之分别说与合一说，以期达至最后之消融与谐一。此则已消化了康德，且已超越了康德，为康德所不及。”[⑥]牟宗三注重研究罗素的《数学原理》与康德的

① 《牟宗三先生全集》(16)，台北：联经出版事业股份有限公司，2003年，第80-81页。

② 《牟宗三先生全集》(16)，台北：联经出版事业股份有限公司，2003年，第82页。

③ 《牟宗三先生全集》(16)，台北：联经出版事业股份有限公司，2003年，第86页。

④ 《牟宗三先生全集》(16)，台北：联经出版事业股份有限公司，2003年，第87页。

⑤ 《牟宗三先生全集》(16)，台北：联经出版事业股份有限公司，2003年，第88页。

⑥ 蔡仁厚：《牟宗三先生学思年谱》，载《牟宗三先生全集》(32)，台北：联经出版事业股份有限公司，2003年，第82页。

《纯粹理性批判》，主旨乃在“抉发中国传统哲学之奥义以融摄康德，并借资康德哲学以充实中国文化”[①]。康德哲学是牟宗三的哲学标杆与诠释重心。以中国哲学融摄西方哲学，以中化西是牟宗三诠释与消化康德哲学的不二法门。

① 蔡仁厚:《牟宗三先生学思年谱》，载《牟宗三先生全集》(32)，台北：联经出版事业股份有限公司，2003年，第229页。

第七章　李泽厚与康德

李泽厚在《走我自己的路》中自述了学术研究之路。在高中阶段，李泽厚在大量阅读与比较中选择了马克思主义；在北京大学哲学系，“翻阅、抄录了许多原始材料”，下了许多“笨功夫”。李泽厚阅读马克思原著，不读别人转述的材料，阅读英文版“人人丛书”本的康德的《纯粹理性批判》。[①]根据李泽厚自述的阅读史，大致说来，两类著作影响了他早期的思想，一类是马克思原著，另一类是康德著作。

一、批判哲学的批判

李泽厚研究康德哲学，分析康德的观念论。康德批判哲学研究认识所有可能的一切先天的条件、根源与形式，而不是去研究各种先天综合判断的知识内容。康德先验论从认识形式出发，而经验论则是从认识内容出发，康德先验论比经验论高明。“康德哲学的功绩在于，他超过了也优越于以前的一切唯物论者和唯心论者，第一次全面地提出了这个主体性问题，康德哲学的价值和意义主要不在他的‘物自体’有多少唯物主义的成分和内容，而在于他的这套先验论体系（尽管是在唯心主义框架里）。因为正是这套体系把人性（也就是把人类的主体性）非常突出地提出来了。现在的问题是要分析康德所提出的问题。”[②]

① 李泽厚：《走我自己的路》，北京：生活·读书·新知三联书店，1986年，第4页。

② 李泽厚：《实用理性与乐感文化》，北京：生活·读书·新知三联书店，2008年，第202页。

李泽厚主张不要为批判而批判，"应该注意活的康德（康德在哲学史上、特别在现代的影响），而不要沉溺在死的康德（康德学的大量文献）中"[①]。李泽厚区分了"活的"与"死的"康德思想，他批判康德哲学，也是要从看似"死的康德"文献中发现"活的"哲学精神。李泽厚从大处着眼，关注康德哲学命题和思想，把握康德哲学要义，转化康德哲学。

李泽厚阐释康德哲学坚持"八字方针"，即"纠正、加深、概括、扩大"。这种阐释立足于研究者自身，而不是康德哲学文本。所谓"纠正"就是要把康德所强调的普遍必然性问题置于一定客观社会性的人类整体历史的基础上来考察。李泽厚以历史之根"纠正"康德的普遍必然性问题，奠定这些问题的历史性和社会性。"研究康德哲学正是应该把康德说成是先验形式的认识范畴、纯粹直观、绝对命令、审美共通感等等还它们以本来面目，即给予它们以社会历史的具体根源及其具体发展的科学过程，这就正是研究人类学本体论和主体性问题的一个（也只是一个）重要方面。"[②]

"人"是康德哲学的焦点和重心，《判断力批判》沟通自然与自由两大领域，重要性自不待言。"其实，这个《批判》对康德整个哲学体系来说，正是关键所在。处于卢梭与黑格尔的中间，整个康德哲学的真正核心、出发点和基础是社会性的'人'。它既区别于卢梭、斯宾诺莎和法国唯物主义的'自然'，更区别于中世纪以来的'神'，同时也区别于以后黑格尔完全淹没个体（人）的'绝对理念'。"[③]

李泽厚认识到审美判断在康德批判哲学中的桥梁作用，"康德在调和结合上述两派美学的同时，也就给自己认识与伦理双峰对峙的哲学体系的两岸之间架设了审美判断力的过渡桥梁。而在审美判断这座桥梁之内，'美的分析'和'崇高的分析'，'美在形式'和'美是道德的象征'，又是它的彼此不同的两端，是整个过渡中的两步。也就是说，过渡中还有过渡，这座过渡桥梁在康德美学本身中又错综复杂地表现为：由美到崇高的过渡，由

① 李泽厚：《批判哲学的批判——康德述评》（修订本），北京：人民出版社，1984年，第50页。

② 李泽厚：《批判哲学的批判——康德述评》（修订本），北京：人民出版社，1984年，第94页。

③ 李泽厚：《批判哲学的批判——康德述评》（修订本），北京：人民出版社，1984年，第367页。

纯粹美到依存美的过渡，由形式美到艺术美的过渡”[①]。《判断力批判》“桥梁论”研究并不少见，大多都是概括的阐释，只勾勒一座抽象的“桥梁”，没有阐发和论证这座桥梁是如何可能的。李泽厚揭示了《判断力批判》作为桥梁的复杂性和层次性，分析了桥梁的不同过渡形式，阐明了这座桥梁的功能和价值。

李泽厚诠释了目的论判断力批判。康德的目的论以有机体作为范例，突出生命的起源和特征的哲学性质。有机体是目的论判断中的重要概念和问题。“康德强调自然的客观目的的真正重点还不在有机体，有机体只是康德用来加强他的论点的自然现象，更重要的是整个自然为何存在这个大目的，由无机物到生命现象（有机体）到人，自然向人生成，好象具有某种目的，亦即最终目的，这才是关键所在。”[②]李泽厚认为，自然向人生成的意思，就是所谓“文化—道德的人”，目的论判断最终通向康德的道德哲学。

李泽厚认为，康德晚年提出的“人是什么”的问题，答案就在《判断力批判》，并在《判断力批判》中提出判断力的理论作为沟通《纯粹理性批判》和《实践理性批判》的桥梁，最终实现了批判哲学的统一。“就美学说，所谓‘非功利而生愉快’、‘无概念而趋于认识’，也就是‘无目的的目的性’的意思，即它既不是目的（功利，有概念），而又是合目的性（与伦理、认识以及感性又均有牵连）。‘非功利’、‘无概念’这两个最重要的审美心理的特征，英国经验论美学都已提出过，康德把前人从经验描述上提出的这些审美心理形式特征，集中、突出并总结在‘无目的的目的性’这样一个哲学高度上，作为美的分析的中心项，以与《纯粹理性批判》、《实践理性批判》相联系，而完成他的哲学体系。”[③]

---

① 李泽厚:《批判哲学的批判——康德述评》(修订本)，北京：人民出版社，1984年，第381页。
② 李泽厚:《批判哲学的批判——康德述评》(修订本)，北京：人民出版社，1984年，第402页。
③ 李泽厚:《批判哲学的批判——康德述评》(修订本)，北京：人民出版社，1984年，第379页。

二、主体性实践哲学

李泽厚提出与建构了主体性实践哲学，其理论出发点是“康德继‘我能知道什么?’(认识论)‘我应该做什么?’(伦理学)‘我能希冀什么?’(宗教学)之后，再加一问：‘人是什么?’(人类学)人类学历史本体论则恰恰从‘人是什么’开始，提出‘人活着’(出发点)、‘如何活’(人类总体)、‘为什么活’(人的个体)，而将归结于‘活得怎样’”[①]。在李泽厚看来，“如何活”和“为什么活”是“理性的内化和理性的凝聚”，只有在“活得怎样”的审美境界，理性才真正渗透、融合、化解(却又未消失)在人的感情欲中，这就叫“理性的积淀”。

李泽厚运用马克思主义哲学“纠正”和“加深”康德哲学，铸造主体性实践哲学的概念和命题。李泽厚说：“《批判》、《己卯五说》、《历史本体论》之所以提倡 Kant 哲学，将 Kant 哲学称为‘先验心理学’，正是在经过 Marx 唯物史观的洗礼后，通过积淀论的具体途径，回到 Kant 所提出的这个文化心理结构问题，也就是我所谓‘经验变先验’‘历史建理性’‘心理成本体’问题。”[②]“经验变先验”、“历史建理性”与“心理成本体”，既是李泽厚的三个哲学假设，又是三个哲学问题。

李泽厚认为，先验心理学也可说是康德哲学的“本名”，先验心理学从哲学角度探讨经验的心理之所以可能的条件，并不是心理学。“Kant哲学不是心理学，而是从哲学上提出了作为人类实在和特征的心理本体问题，以此将人区别于动物界。这也可以说是Kant走向最后一问‘人是什么’的重要原由和途径，因为心理本体何所由来必须由人类学来回答。”[③]

如何从康德与马克思主义哲学中转化、生成主体性实践哲学，这是最

① 李泽厚:《实用理性与乐感文化》，北京：生活·读书·新知三联书店，2008年，第185页。
② 李泽厚:《实用理性与乐感文化》，北京：生活·读书·新知三联书店，2008年，第33-34页。
③ 李泽厚:《实用理性与乐感文化》，北京：生活·读书·新知三联书店，2008年，第36页。

切要的问题。“这意味着，人在自然存在的基础上，产生了一系列的超生物性的素质。审美就是这种超生物的需要和享受（康德称之为“判断力”），这正如在认识领域内产生了超生物的肢体（不断发展的工具）和语言、思维即认识能力（康德称之为“知性”），伦理领域内产生了超生物的道德（康德称之为“理性”）一样。”[①]李泽厚引入“超生物”的概念，重新界说了康德的三种高级认识能力，赋予这些能力以新的内涵，将它们转化为主体性实践哲学和美学的概念工具。

李泽厚述评康德哲学，不是为研究而研究，也不是为批判而批判，而是“纠正”康德哲学的先验性，实现康德哲学的实践化与历史化，使康德哲学成为建构人类学本体论的理论基础。“纠正”与“加深”是同步的，也是互相促进与深化的。李泽厚说：“康德哲学的贡献在于它突出了第二方面的问题，全面提出了主体心理结构——包括认识、伦理和审美的先验性（普遍必然性）问题。”[②]李泽厚改造了康德哲学的主体心理结构，建构了人类学本体论，即主体性实践哲学。就主体性而言，审美的自由感受、认识论的自由直观和伦理学的自由意志构成它的三个主要方面。

李泽厚界定了主体性概念：“‘主体性’概念包括有两个双重内容和含义。第一个‘双重’是：它具有外在的即工艺—社会的结构面和内在的即文化—心理的结构面。第二个‘双重’是：它具有人类群体（又可区分为不同社会、时代、民族、阶级、阶层、集团等等）的性质和个体身心的性质。这四者相互交错渗透，不可分割。而且每一方又都是某种复杂的组合体。”[③]从主体性的人性结构上看，它由“理性的内化”、“理性的凝聚”和“理性的积淀”构成，也就是说，由智力结构、意志结构和审美结构建构起普遍心理的结构形式。从个体心理上看，这种创造性的心理功能由“自由直观”（以美启真）、“自由意志”（以美储善）和“自由感受”（审美快乐）建构。普遍心理的结构形式和个体心理的创造功能构成人性主体性探究的基本课题。李泽厚认识到主体性概念的复杂性，同时更重视内在的文化心理

---

① 李泽厚：《批判哲学的批判——康德述评》（修订本），北京：人民出版社，1984年，第412–413页。
② 李泽厚：《批判哲学的批判——康德述评》（修订本），北京：人民出版社，1984年，第259页。
③ 李泽厚：《实用理性与乐感文化》，北京：生活·读书·新知三联书店，2008年，第217页。

结构和个体身心的性质，他区分了工艺—社会世界和文化—心理世界，也就是说，区分了客观的工具本体和主观的心理本体。无论是工具本体还是心理本体，都具有生成性、过程性与历史性。这些概念不是静态的，而是活生生的，在不断绵延。

李泽厚的“主体性实践哲学”，又称“人类学本体论”，或称“历史本体论”，他以“人类如何可能”回应康德的“认识如何可能”，以人类的“客观社会性”解读康德的“普遍必然性”，将康德的先验形式解读为经由人类生活实践所历史形成的文化心理结构，称之为“积淀”。李泽厚认为，可以从“人类（共同）的”、“文化（共同）的”和“个体的”三个层面剖析“积淀”，①他将康德与马克思交汇，从康德“人是什么”问题出发，走向人类学，确立历史本体论的主题。李泽厚纠正康德的知、情、意三方面心理结构，扩大和确定了文化心理结构，建构了主体性实践哲学。

三、主体性实践美学

李泽厚梳理出西方美学史的一条思想线索：“如果从美学角度看，我以为，并不是如时下许多人所套的公式：康德→黑格尔→马克思，而应该是：康德→席勒→马克思。贯串这条线索的是对感性的重视，不脱离感性的性能特征的塑形、陶铸和改造来谈感性与理性的统一。”②李泽厚辨析了康德、席勒与马克思之间的差异，康德与席勒没有真正解决人的问题，而马克思的社会实践与“自然的人化”才是解决问题的方向。这条思想线索存在两个重要问题：一是人的问题，二是人的教化。李泽厚认为，康德区分了审美愉快、动物性的官能愉快和概念性的理智认识，从哲学角度看，审美判断的形式结构形成人化自然的主体。在李泽厚看来，只有真与善、合规律

① 李泽厚：《实用理性与乐感文化》，北京：生活·读书·新知三联书店，2008年，第280页。
② 李泽厚：《批判哲学的批判——康德述评》（修订本），北京：人民出版社，1984年，第414页。

性与合目的性“真正的渗透、交溶与一致。理性才能积淀在感性中，内容才能积淀在形式中，自然的形式才能成为自由的形式，这也就是美”[①]。美与积淀直接相关，美是自由的形式。“美作为自由的形式，是合规律和合目的性的统一，是外在的自然的人化或人化的自然。审美作为与这自由形式相对应的心理结构，是感性与理性的交融统一，是人类内在的自然的人化或人化的自然。它是人的主体性的最终成果，是人性最鲜明突出的表现。”[②]

康德探索了人类精神结构，这关系到认识、伦理和审美，他抓住了人类主体性的主观心理建构，这成为人类主体自身建构的必要条件。李泽厚文化心理结构的基本框架是康德的人类精神结构，他建构了人类主体性的文化心理结构。不同之处在于，康德的认识结构是先验心理学的，而李泽厚的文化心理结构是历史的，是人类学的。李泽厚的文化心理结构不是一种纯粹的理论形态，而是糅合了诸多理论的因子，如乔姆斯基先验理性的语言机制、列维-斯特劳斯的社会民俗心理结构、荣格的“集体无意识”、维特根斯坦的语言与现实生活的互动等等。[③]李泽厚从这些不同的理论中发现“家族相似”的东西，发掘出科学与哲学的价值，他利用这些理论因子，结合马克思与康德，以历史为基础，建构文化心理结构。

李泽厚批判康德哲学，意在建构主体性实践哲学；批判康德美学，旨在建构实践美学。批判哲学的批判的意图不在批判本身，不在破，而在立，创立人类学本体论哲学。“自然向人生成”，乃是通过人类实践，使自然服务于人，为人的目的服务。“自然的人化就内在自然说，是人性的社会建立，人的自然化则是人性的宇宙扩展。前者要求人性具有社会普遍性的形式结构，后者要求人性能‘上下与天地同流’。前者将无意识上升为意识，后者将意识逐出成无意识。二者都超出自己的生物族类的有限性。前者主要表现为集体人类，后者主要表现为个体自身，它的特征是个体能够主动地与宇宙—自然的许多功能、规律、结构相同构呼应，以真实的个体感性

① 李泽厚:《批判哲学的批判——康德述评》(修订本)，北京：人民出版社，1984年，第415页。
② 李泽厚:《实用理性与乐感文化》，北京：生活·读书·新知三联书店，2008年，第214页。
③ 李泽厚:《批判哲学的批判——康德述评》(修订本)，北京：人民出版社，1984年，第57页。

来把握、混同于宇宙的节律从而物我两忘、天人合一。”①

李泽厚说：“所谓实践美学，从哲学上说，乃人类学历史本体论（亦称主体性实践哲学）的美学部分，它以外在—内在的自然的人化说为根本理论基础，认为美的根源、本质或前提在于外在自然（人的自然环境）与人的生存关系的历史性的改变；美感的根源在于内在自然（人的躯体、感官、情欲和整个心理）的人化，即社会性向生理性（自然性）的渗透、交融、合一，此即积淀说。”②实践美学是主体性实践哲学的有机组成部分，李泽厚运用康德的“先验的共通感”建构了历史的心理—情感本体。

李泽厚探讨了主体性实践哲学与实践美学之间的内在关系，从主体性实践哲学出发提出美学问题，这关系到美、美感与艺术的根本问题。“人类学本体论的哲学（主体性实践哲学）在探讨心理本体中，当然要对‘生’、‘性’、‘死’与‘语言’以充分的开放，这样才能了解现代的人生之诗。在这前提下的哲学美学便也属于人的现代存在的哲学。它关心的远不止是艺术，而涉及了整个人类、个体心灵、自然环境，它不是艺术科学，而是人的哲学。由这个角度谈美，主题便不是审美对象的精细描述，而将是美的本质的直观把握。由这个角度去谈美感，主题便不是审美经验的科学剖解，而将是提出陶冶性情、塑造人性，建立新感性；由这个角度去谈艺术，主题便不是语词分析、批评原理或艺术历史，而将是使艺术本体归结为心理本体，艺术本体论变而为人性情感作为本体的生成扩展的哲学。”③

美学、哲学和思想史构成李泽厚思想中的“三位一体”。李泽厚是创造概念的思想家，他创造了诸多与美学相关的概念，比如“内在的自然的人化”“积淀”“文化心理结构”“人的自然化”“西体中用”“实用理性”“乐感文化”“儒道互补”“理性化的巫传统”“情本体”等。这些概念构造了一套美学话语，成为建构实践美学的有效工具，为思考美学提出了新问题，提供了新视角。李泽厚提出诸多美学命题，诸如，“以美启真”“以美储善”“自

① 李泽厚：《实用理性与乐感文化》，北京：生活·读书·新知三联书店，2008年，第239页。

② 李泽厚：《华夏美学·美学四讲》（增订本），北京：生活·读书·新知三联书店，2008年，第408页。

③ 李泽厚：《华夏美学·美学四讲》（增订本），北京：生活·读书·新知三联书店，2008年，第266页。

然向人生成”等等，这些命题深化与建构了主体性实践美学。主体性实践美学与主体性实践哲学，都具有体系性的特征。在李泽厚的思想谱系中，中学与西学相互渗透，传统与现代相互呼应。李泽厚在康德与马克思之间找到“历史”的交汇点，建构了主体性实践哲学和主体性实践美学，做出“转换性的文化创造”，确立了中国哲学与美学的现代性。

第八章　蒋孔阳与康德

1980年，蒋孔阳出版了《德国古典美学》，不过，这部著作早在20世纪60年代就已完成。蒋孔阳在后记中写道："一九六二年，我曾在上海哲学社会科学学会联合会作过一次有关德国古典美学的报告，后来商务印书馆来组稿，这就是本书写作的缘起。但当时教学任务颇重，兼以不时下乡下厂，所以直到一九六五年，方才完稿。"[①]这道出了蒋孔阳研究德国古典美学的缘起，也设定了他阐释德国古典美学的历史语境。

一、德国古典美学的位置

蒋孔阳在西方美学传统中审视德国古典美学，在"凌空俯视"的学术视野中，把握德国古典美学的思想脉络。这种宏观研究凸显了蒋孔阳美学研究的历史意识；这种由大到小、由面及点的研究方法，值得借鉴；这种思想起源与生成的研究，夯实了研究问题的地基。蒋孔阳研究德国古典美学处在一个特定的时代，他的思维方式与话语方式具有那个时代的特征，因此，蒋孔阳分析与判断德国古典美学受到时代的影响。

蒋孔阳探讨了德国古典美学产生的社会与思想根源。这种背景分析具有那个时代的共同性，也说明马克思主义经典作家对中国学者心理结构的深层影响与塑造。蒋孔阳援引马克思与恩格斯对德国哲学的批判，阐释德国美学思想产生的历史基础。然而，蒋孔阳并没有局限在这种阐释之中，

① 蒋孔阳：《德国古典美学》，北京：商务印书馆，1980年，第373页。

而是结合那个时代的文学艺术，揭示德国古典美学思想产生的根源：一是资产阶级革命与资本主义生产方式所造成的社会政治生活的巨大变化；二是当时文学艺术的发展提出的新的美学问题；三是自然科学的发展产生的影响。这种阐释存在诸多新见，在西方美学传统中，德国古典美学是一场深刻的美学革命；德国古典美学与那个时代的文学艺术唇齿相依；德国古典美学与自然科学的发展也密切相关。这些论断绝不是一种常识，而是一种学术判断。

既然探讨德国古典美学思想产生的根源，当然不能回避思想的定位与判断。“德国的古典美学，不仅在性质上是唯心主义的，而且在解决问题的方法上也是唯心主义的。”①蒋孔阳认为，阶级性质决定了这种美学理论只能是抽象的、思辨的、观念性的，必然是唯心主义的。蒋孔阳梳理了德国古典美学的三大思想来源，确定了德国古典美学与西方三大美学传统的内在关系。

对于德国古典美学与启蒙运动的关系，蒋孔阳聚焦18世纪的启蒙运动。从广义上说，从文艺复兴到德国古典哲学，都可以称之为资产阶级的启蒙运动。蒋孔阳拉长了启蒙运动的时间段。启蒙运动与德国古典美学的关系非常复杂，蒋孔阳删繁就简地谈论了几个相关问题：文艺功能，文艺与现实关系，感情与想象，历史观与古代艺术的评价。蒋孔阳认为德国古典美学的特色之一，在于只能够从理论上探讨天才、想象和感情的规律，以及它们与文学艺术的关系。“这样，他们又唯心主义地把这些问题当成个人心灵和人格独立自主性的表征，并着重从哲学上来探讨它们与最高的宇宙观念的结合问题。于是，对于启蒙运动来说，是呼唤暴风雨一般的社会变革的感情和想象问题，到了德国古典美学，又变成纯粹思辨性的哲学问题了。”②想象、感情与天才问题进入到哲学领域，并成为核心议题。

关于德国古典美学与英国经验派美学的关系，蒋孔阳认为德国古典美学批判与继承了英国经验派美学。蒋孔阳指出，休谟与博克对康德美学影

① 蒋孔阳：《德国古典美学》，北京：商务印书馆，1980年，第21页。

② 蒋孔阳：《德国古典美学》，北京：商务印书馆，1980年，第35页。

响巨大。康德借鉴与改造了博克的美学范畴，以先验方法代替经验方法，将经验美学问题转变为先验美学问题。

至于德国古典美学与德国理性派美学的关系，蒋孔阳主要结合康德哲学来论述这一问题。蒋孔阳勾勒了从莱布尼茨到鲍姆加登的哲学，康德继承与批判西方美学传统，采取折中调和的方法，创立先验的唯心主义美学。

蒋孔阳探讨了德国古典美学的历史与思想根源，德国古典美学处在坚实的历史地基之上，它的来龙去脉、承前启后的转换昭然可见。蒋孔阳的德国古典美学研究有的放矢。

二、康德的美学问题

在德国古典美学研究中，康德美学无疑是重头戏。蒋孔阳简评了康德的生平与著作，运用知人论世的方式分析康德美学，他区分了康德思想的两个阶段，即前批判时期与批判时期。“康德思想发展的道路，是从自然科学到神学、从向往革命到畏惧革命、从前批判时期的唯物主义到批判时期的主观唯心主义。康德之所以走这样一条道路，他的思想之所以充满了矛盾以及企图调和矛盾的斗争，是和他那个时代的阶级矛盾分不开的。”[①]这种阶段的区分是没有问题的，问题在于非此即彼的论断在某种意义上并不符合康德思想发展的内在逻辑，以阶级矛盾的观点分析康德思想的矛盾也不恰当，无法揭示康德哲学的内在理路。

蒋孔阳指出，先验哲学是康德美学的基础，并正确地界说了“批判”一词在康德哲学中的意义，即对人类理性认识能力的范围与限度的划定，对理性能力本身的批判。斯密指出，康德从英文中借用“批判”的语词，在德文中最先使用。“《纯粹理性批判》在其主要的意义上，是指对于纯粹理性进行批评性的判断。康德说到他的‘批判时期’（Zeitalter der Kritik）

① 蒋孔阳：《德国古典美学》，北京：商务印书馆，1980年，第61页。

时，是在这意义上用‘批判’这名词的，然而他常常把这名词用来特别是指一种导致正面而不限于反面的结果之研究。有的时候，尤其是在辩证论里，这名词又是指着用于纯粹理性的一种锻炼，把它限制于应有的樊篱之内。”①

蒋孔阳指出，主观唯心主义、形式主义和主观主义的观点贯穿康德哲学体系，同时贯穿康德美学。这种分析大体是正确的，在康德观念论②中，主体性是一个核心问题，康德哲学是一种主观的观念论，而非客观的观念论，“人”的问题成为哲学探讨的中心；形式主义的判断说明康德美学规避了对象的内容，只关注对象的形式，美与崇高的分析呈现康德的形式主义美学立场。

蒋孔阳阐释了康德美学的三个出发点，也就是美学的目的问题。首先，蒋孔阳诠释了《判断力批判》的序言，探讨了快与不快的情感是否具有一种独立的先天原则，对于快与不快的情感和人的判断力是不是可以构成先天的综合判断，这种判断是否具有普遍性和必然性。其次，康德如何处理现象界与道德界的关系，如何沟通现象界和道德界成为批判哲学必须解决的问题。“判断力”沟通现象界与道德界，这是康德美学的又一出发点。最后，蒋孔阳分析了康德的反思判断，重点分析了《审美判断力批判》，以及康德主观的目的观，也就是审美观。蒋孔阳认为，《目的论判断力批判》探讨了康德的自然观，与美学关系不大，因此，《审美判断力批判》是康德美学的主体部分。

蒋孔阳以“无利害感”“没有概念的普遍性”“没有目的的合目的性”“没有概念的必然性”等来分析美的四个契机。对于美，从质上说，摒除了利害感，也就是处于“无利害感”之中，以“纯然淡漠”的态度去欣赏它，这时才有美感。这种无利害的静观的情感愉悦，区别于感觉上的快适与道德上的赞许，是唯一自由的愉悦。蒋孔阳没有受到康德美学的限制，他认

① ［英］康蒲·斯密：《康德〈纯粹理性批判〉解义》，韦卓民译，武汉：华中师范大学出版社，2000年，第44页。

② 区别于哲学的意识形态解释，在分析过程中，唯心主义一律以“观念论”来指称，从而回归哲学本身的理解。

为康德对于愉悦的三种区分具有积极意义。然而，康德认为美感与客体的性质无关，与现实的利害无关，则是完全错误的。这种看似公允的判断有其思想立场，蒋孔阳反对形式主义美学的观念，反对艺术自律，而主张艺术他律。盖耶也质疑与批判了康德的审美无利害性。在《判断力批判》中，康德解释审美理论如何能够从无利害观念开始，但并没有对利害概念进行充分描述。康德断言审美判断不能在它的对象里产生某种利害，这就与他对愉悦的描述产生紧张的关系，这种描述作为一个条件找到自身的延续，自然地在产生愉悦的诸对象的可能性中产生某种利害。[①]对于审美无利害性，蒋孔阳与盖耶的学术质疑基于不同的理论立场。

从量的方面看，审美判断是一种单称判断。问题是，一种单称判断如何具有普遍性。蒋孔阳指出，康德区分了认识判断与审美判断，审美判断与概念无关，不涉及对象内容的认识。审美判断普遍性的实现基于人类主观上的“普遍赞同”，而这种赞同是人类的先天能力，一种共通能力，是因为人们在主观上具有共同的“心意状态”。共同的“心意状态”是美的普遍性的前提条件。[②]蒋孔阳的阐释是有力的，只是还是没有揭开“普遍传达能力”的面纱。“普遍传达能力”即“共通感”，正因为有这样一种先天的人类共通的能力，一种单称的审美判断具有了普遍性。蒋孔阳批驳了康德的绝对化的观点，认为审美判断包含概念的活动，康德“绝对地割裂知、情、意之间的关系”，不见其相互的关系，这是错误的。不过，康德批判哲学针对的正是知、情、意区分并不明确的思想传统，而《判断力批判》试图给情感能力一个清晰明确的定位。

从关系上看，康德要解决的是“没有目的的合目的性”问题。蒋孔阳指出，这个问题的解决通过区分来实现。康德区分了目的与合目的性，合目的性又区分为客观的合目的性和主观的合目的性两种。“从客观的合目的性上来说，审美判断没有目的；从主观的合目的性上来说，审美判断又有目的。正因为这样，所以康德说审美判断既没有目的，而又符合于目的。”[③]

① Paul Guyer, *Kant and the Claims of Taste*, Cambridge: Cambridge University Press, 1997, p. xviii.

② 蒋孔阳:《德国古典美学》，北京：商务印书馆，1980年，第76页。

③ 蒋孔阳:《德国古典美学》，北京：商务印书馆，1980年，第77页。

康德否认了审美判断的客观的合目的性，因为审美判断只涉及对象的形式，而与对象的内容无关。换言之，“没有目的的合目的性”从形式。审美判断的合目的性是形式的合目的性，即无目的的合目的性。审美判断是符合目的的，形式的合目的性正是主观的合目的性。

从情状上看，审美判断具有一种必然性。这种必然性不是客观的必然性，而是主观的必然性，是不涉及概念的必然性。蒋孔阳认为，审美判断的必然性完全是一种“范式”性的必然性。这种必然性来自一种主观性的原理，即所谓“共通感”。因为存在“共通感”，审美判断就具有一种共同的特征，具有“范式”的性质。

蒋孔阳阐释康德的美的分析，基本上是一种学理探讨，关涉美学基本问题。然而他一旦做出总体评价时，则转向一种意识形态批判，“这样，他对于美的分析，事实上就变成了对于审美的主观意识的分析。他不管客观上是不是解决了矛盾，而只要在主观上把这些矛盾加以调和，他就认为满足了。他的美学是主观唯心主义的，也就很自然了”①。

蒋孔阳分析了康德的崇高理论，康德的美的分析主要强调美与道德的区别，崇高的分析不仅肯定了道德感是崇高感的基础，而且确定了“美是道德的象征”。蒋孔阳比较了崇高与美，分述数学的崇高与力学的崇高，剖析崇高理论的缺点，指出康德关于崇高理论的根本错误在于主观唯心主义的观点，否认崇高现象的客观存在，认为崇高感都来自主体的心灵。蒋孔阳认为康德的分析主要是形式逻辑的，因此，在逻辑推论上说得通，但在具体内容上讲不通。②实际上，康德区分了先验逻辑与形式逻辑，先验逻辑是形式逻辑的基础，他运用先验逻辑论证美学问题。蒋孔阳论及康德关于艺术与天才的理论，基本上按照康德的论述加以述评，在此不再赘述。

---

① 蒋孔阳：《德国古典美学》，北京：商务印书馆，1980年，第87页。

② 蒋孔阳：《德国古典美学》，北京：商务印书馆，1980年，第97-100页。

三、阐释康德美学的方法

蒋孔阳阐释康德美学的方法值得深入探讨，因为他山之石，可以攻玉。

一是研究者的立场问题。蒋孔阳坚持辩证唯物主义的批判立场，通过马克思主义经典作家的观点阐释德国古典美学。他的这种立场不能以对错来评判，只能以恰当或不恰当来区分，这种理论立场有很深的时代烙印。不可否认的是，任何研究者都必须有一个坚定的理论立场，才能真正面对与阐释中西思想。这是研究者自身的思想根基，只有研究者自己站稳了，才能更好地透视与剖析所阐释的对象。蒋孔阳的康德美学研究，处在学理批判与意识形态批判之间，他对康德美学的分析基本上是学理的，对于康德美学的综合判断却往往是意识形态的，这容易造成一种过度阐释的理论效应。

二是溯源探流的方法。蒋孔阳从启蒙运动、经验论与理性论三个维度探讨康德美学的思想根源，这种探讨实现了知其然也知其所以然，既见树木又见森林。譬如，美与崇高范畴的经验论美学来源，“完满性”问题的唯理论溯源。如果说这些探讨重在追溯源头，那么蒋孔阳探讨德国古典美学对后世美学的影响，则关系到思想的流变。蒋孔阳分析了叔本华对康德美学的批判，认为叔本华不仅把康德的美学向着更加彻底的唯心主义方向发展，而且向着反理性的方向发展。①

三是回归原典与对勘的研究方法。蒋孔阳分析《判断力批判》时，没有直接引用中文版本，而是主要参考英文译本，《判断力批判》的引文大多是直接从英文译本翻译过来的，这种老老实实的研究态度值得后学学习。即便引用中文译本，蒋孔阳也要对照《判断力批判》英文译本，回归原典。

四是半部批判的研究。回归原典固然好，难道只是回到《审美判断力

① 蒋孔阳：《德国古典美学》，北京：商务印书馆，1980年，第327页。

批判》？作为《判断力批判》的有机组成部分,《目的论判断力批判》一直被中国学者所忽略。蒋孔阳认为,《目的论判断力批判》没有谈论美学问题。这并不是蒋孔阳一个人的观点，朱光潜与宗白华研究与述评康德美学时，也都有意地忽略《目的论判断力批判》，或者不做重点探讨。需要追问的是:《目的论判断力批判》是不是与美学无关？如果无关，为什么康德要探讨这个问题？如果有关，那么它是如何与康德美学问题相关的？这也是蒋孔阳探讨康德美学时留给我们的问题，有必要深入思考与探讨。

第九章　叶秀山与康德

一、说不尽的康德哲学

叶秀山在北大求学时开始走近康德，在郑昕指导下做毕业论文，选择“康德哲学”的题目。叶秀山回忆说，郑昕对自己的这篇毕业论文很不满意，但贺麟觉得还可以。[①]叶秀山晚年读书的范围主要集中在德国古典哲学，从康德到黑格尔这个时期，特别是康德和黑格尔。这是叶秀山研究西方哲学遵循的主要思路。叶秀山偶然走近康德，一生研读康德著作，研究康德哲学。

叶秀山从自己的学习和研究体会出发，认为“研读德国古典哲学仍不失为一个好的选择”。德国古典哲学既是进入哲学殿堂的一个“门径”，也是一个“捷径”。因为德国古典哲学研究的对象和思考的问题都比较明确，形成了一个“科学体系”。[②]

叶秀山道出阅读康德著作的价值和意义．“ 般觉得，康德的书很难读，这也是事实，康德著作的文字不很好懂，但是它的意思却是清楚明白的，是循序渐进的。康德倡导‘批判哲学’，而反对‘独断论’，它决不叫读者死记硬背什么东西，而是按照理路，提出问题，然后顺着问题自身的发展，推衍开来，只要问题抓得对，就能顺藤摸瓜，追问到问题的源头，从而抓住问题的来龙去脉。所以，康德书难读，是形式的，内容是清楚的，

① 叶秀山:《启蒙与自由——叶秀山论康德》，南京：江苏人民出版社，2013年，第2页。

② 叶秀山:《启蒙与自由——叶秀山论康德》，南京：江苏人民出版社，2013年，第269-270页。

不必因文字的隔阂而却步。”[①]叶秀山认为，康德是一位“吾之道一以贯之”的大哲学家，思想严密，理路很硬，知识面宽广，思想能力强。

二、《判断力批判》的奠基

康德在《实践理性批判》结束语的开头说：“有两样东西，越是经常而持久地对它们进行反复思考，它们就越是使心灵充满常新而日益增长的惊赞和敬畏：我头上的星空和我心中的道德法则。”[②]叶秀山对这段名言做出新解，他不是从《纯粹理性批判》出发，而是从《判断力批判》理解“惊赞”这类情感。相比较而言，研究者一般将惊赞与《纯粹理性批判》关联起来，与自然法则联系起来。叶秀山则认为惊赞是综合《纯粹理性批判》和《实践理性批判》的东西，这种综合的东西才是最基础、最根本的。

叶秀山说：“我们知道，康德的《判断力批判》试图对被他分裂开来的《纯粹理性批判》（知识）和《实践理性批判》（道德）作某种沟通，康德这个工作常被理解为适应他的体系的需要而补充出来的，因而未受到足够的重视，实际上，康德的《判断力批判》不仅是对前两个‘批判’的必要的综合和补充，而且本身也是一项基础的工作，像康德自己在《判断力批判》序言里说的，这项工作是‘第一层的根基’（die erste Grundlage），要把它打好，不至使建筑的全体因根基不固而倒塌下来。”[③]叶秀山沿着“第一层的根基”，论证了《判断力批判》的奠基作用，这种“根基”的诠释从对《判断力批判》的“综合”、“补充”和“桥梁”的一般诠释中凸显出来。

叶秀山指出：“于是在理论上，康德三大宝塔形的批判底部为《纯粹理性批判》和《实践理性批判》，而《判断力批判》在宝塔尖上；而实际上，

① 叶秀山：《启蒙与自由——叶秀山论康德》，南京：江苏人民出版社，2013年，第284页。
② 李秋零主编：《康德著作全集》（第5卷），北京：中国人民大学出版社，2007年，第169页。
③ 叶秀山：《启蒙与自由——叶秀山论康德》，南京：江苏人民出版社，2013年，第158页。

康德的三大‘批判’乃是一个‘倒宝塔’，由《判断力批判》的塔顶为底部根基，在这个基础上生出（建筑起）《纯粹理性批判》、《实践理性批判》，即在‘生活的’（活生生的）世界，生出（科学）知识和（实践）道德。”[①] 叶秀山以宝塔喻说三大批判的关系，这种“倒宝塔”的哲学建筑术是一种哲学洞见，阐明《判断力批判》是批判哲学的根基，明确了《判断力批判》在批判哲学中的地位。赵广明也论证了《判断力批判》是康德批判哲学的根基，他认为康德三大批判中的每一部都“不可或缺”，但《判断力批判》能使三大批判最终成为一个“连续、有机、统一的思想”。“总之，《判断力批判》不仅仅是通常所理解的连接《纯粹理性批判》和《实践理性批判》的中介、纽带或桥梁；它根本上乃是纯粹理性批判和实践理性批判的深化和归宿，且为其奠立了根基。”[②]

叶秀山并没有否认《判断力批判》的桥梁作用，“康德《判断力批判》的地位在康德‘批判哲学’系统中是明确的，它是《纯粹理性批判》和《实践理性批判》所涉两个独立‘领域’的‘桥梁’，是‘沟通’着两个完全不同的‘立法’‘王国’的一个特殊的环节：它并没有自己独立的‘王国’，而是‘依附’着‘理论’和‘实践’两边，时有偏重，所以似乎是一个没有‘领土-领地’的‘漂浮’‘部分’，只是一个‘活动场所’，‘活’的‘部分’；而这个‘场所’却是我们‘人’作为‘有理性者-自由者’的真实的‘生活场所’，是我们的‘家（园）’——康德叫‘居住地（domicilium）’”[③]。判断力没有自己的领域，但是有“居住地”，根据批判哲学的需要，它随时“沟通”知性和理性，知性和理性都有自己的领域。

康德区分了地域、领域和居留（住）地。康德说：“概念如果与对象发生关系，无论对于这些对象的一种知识是否可能，就都拥有自己的疆场，这个疆场纯然是按照它们的客体与我们的一般认识能力所具有的关系来规定的。——这个疆场的那个我们可能有所认识的部分，就是这些概念和为此所需要的认识能力的一个地域（territorium）。这个地域的那个由

① 叶秀山：《启蒙与自由——叶秀山论康德》，南京：江苏人民出版社，2013年，第158-159页。
② 赵广明：《论康德批判哲学的根基与归宿》，《哲学研究》2009年第9期。
③ 叶秀山：《启蒙与自由——叶秀山论康德》，南京：江苏人民出版社，2013年，第3页。

这些概念在其上立法的部分，就是这些概念和它们该有的认识能力的领域（ditio）。因此，经验概念虽然在作为一切感官对象之总和的自然中拥有自己的地域，但却没有领域（而是只有其居留地，domicilium）；因为它们虽然被合法地生成出来，但却不是立法的，相反，基于它们的规则都是经验性的，因而是偶然的。”①叶秀山指出，《纯粹理性批判》涉及的是“科学”的“世界”，《实践理性批判》涉及的是“道德”的“世界”，《判断力批判》也许涉及的是“生活”的“世界”，审美判断则是“沟通”科学世界和道德世界的桥梁。

叶秀山进而论证了审美判断作为桥梁的可能性，“于是‘审美判断’就有沟通‘自然’和‘道德’两个领域的可能性，即‘知识’向‘道德’‘过度’的可能性。这种‘可能性’由‘判断力’的‘反思’职能所‘提供’和‘保障’，而‘反思’则是‘知性’只能为之‘思维’的‘本体’的‘再思’”②。在康德哲学中，知性和理性有立法权，有自己的领域。反思判断力为自己立法，确立了无目的的合目的性的先天原则。反思判断既不是认识判断，也不是实践判断，而是情感判断。美的判断关系到主体的生命情感，而崇高判断关系到主体的精神情感。

恩斯特·卡西尔指出：“在这两种情况下，康德对哲学体系的微妙和艺术的建筑术、对于概念的划分和细分以及将认识诸能力协调到特定家族的偏好，令人印象深刻。对于这种关于《判断力批判》历史起源观点的坚持者来说，它的历史影响几乎是个奇迹。因为一件奇怪的事情发生了，这部著作似乎是从他的体系的特殊要求中发展出来的，只是为了填补其中的一道鸿沟。康德触及他那个时代整个精神和理智文化的核心，这部著作超过了他的任何其他作品。”③恩斯特·卡西尔认识到《判断力批判》在批判哲学中的地位和作用，也认识到《判断力批判》在那个时代和文化中的崇高地位。

① 李秋零主编：《康德著作全集》（第5卷），北京：中国人民大学出版社，2007年，第183页。

② 叶秀山：《启蒙与自由——叶秀山论康德》，南京：江苏人民出版社，2013年，第20–21页。

③ Ernst Cassirer, *Kant's Life and Thought*, translated by James Haden, New Haven and London: Yale University Press, 1983, pp. 272-273.

三、目的论判断的诠释

叶秀山认识到合目的论在康德哲学中的重要性，同时洞察到康德美学中“合目的性”部分的难度。将传统的目的论纳入康德的先验哲学体系，是在批判哲学体系中理解康德美学的一个关键。叶秀山特别提到卡西尔对于合目的性难度的认识。卡西尔指出：“我们将继续看到，自然的合目的性问题是《判断力批判》的核心问题，因此我们必须追问，康德在这里通过‘合目的性’理解了什么，以及为什么他认为判断所设想的逻辑系统的观念意味着自然的合目的性的观念。”①

《判断力批判》的目的概念，沟通了两个具有不同性质“立法权”的领域。“康德在《判断力批判》里首先提出的‘合目的性’概念正是‘描述’‘自然’的，这就是说，‘自然界’——我们作为只是对象总和的‘自然界’是‘有权-合法地’从‘合目的性’方面去‘理解-阐释’它的。这就是说，这种‘阐释’方式也是有‘先天立法’的‘根据’的。”②古留加说：“对于康德来说，目的论乃是考察对象首先是考察生物机体的一个原则，在这个生物机体中，一切都是合目的的，就是说，每一部分都是必然地与另一部分相联系着的。似乎所有这一切都是某种知性为了一定的目的而预先设定的。”③

在叶秀山看来，目的概念在知识领域从属于经验概念，在实践理性中，目的蕴含了“现实-实现”的意思，是一个含有“现实性-实现性”的概念。目的概念既不是一般知识的概念，也不是一般低级生理欲求，“目的”是介于感官世界和超感官世界之间的环节。“《判断力批判》‘目的论批判’的意

① H. W. Cassirer, *A Commentary on Kant's Critique of Judgment*, London: Methuen & Co. Ltd., 1938, p.121.

② 叶秀山：《启蒙与自由——叶秀山论康德》，南京：江苏人民出版社，2013年，第13页。

③ ［苏联］阿尔森·古留加：《康德传》，贾泽林、侯鸿勋、王炳文译，北京：商务印书馆，1981年，第185页。

思是要阐述一个没有‘者’的‘目的论’，亦即既没有‘人’，也没有‘神’的‘自然’自身的‘目的’。于是，从这个角度来说，康德的‘目的论批判’似乎蕴含有一个积极的‘批判’的意义，即‘审定-厘析’‘自然目的’的‘应有’的‘意义’。”[①]叶秀山指出，自然目的论并不是说自然在客观上就具有合目的性，目的并不是自然的属性，应该从一个目的的理念去理解自然。目的有自己的王国，目的王国是由特殊到普遍，不出自然之外，目的是自然的目的，仍在自然之内。叶秀山认为，自然目的论并不意味着将目的论还原为机械论，而是赋予自然以道德的意义。康德自然合目的论的批判将自然目的论拉回到自然自身，从天上回归到人间。

扎米托探索了康德《判断力批判》的知识史，这主要关系到人的最终命运，他区分了《判断力批判》的三个阶段：1787年年中，康德为美的判断发现了一个先验基础；1789年年初，出现一个“认识的转向”，由反思判断来确定；1789年年末，出现一个“伦理的转向”，由美学解释与自然目的论来标明，表明了一种理想人的命运。[②]叶秀山指出，人作为感性的存在者属于自然，人的社会也是一个有机体，人组成的社会和自然同样是一个自然合目的的有机体。人还是有理性者，不仅仅是一个自然王国的成员，而且是道德王国的成员。人本质上是一个自由者，至善是人的“终极-最终目的”。人是目的，这回应了康德批判哲学“人是什么”的问题。

① 叶秀山：《启蒙与自由——叶秀山论康德》，南京：江苏人民出版社，2013年，第44-45页。

② John H. Zammito, *The Genesis of Kant's Critique of Judgment*, Chicago/London: The University of Chicago Press, 1992.

第十章　邓晓芒与康德

一、说不尽的康德翻译

邓晓芒在一篇简要的学术自传中讲述了自己的学术研究之路，他花了十年时间学习，考取了武汉大学哲学系的硕士研究生，师从陈修斋和杨祖陶，走上研究西方哲学的学术道路，后来主攻德国古典哲学，特别是康德和黑格尔哲学。邓晓芒总体评价了德国古典哲学："作为马克思主义哲学思想的来源，德国古典哲学最大的优点就是其思想与时代、历史的脉搏合拍，表达了西方19世纪初的时代精神的某种深刻转变，这种转变确立了以后200年间西方精神的主流倾向。"①

邓晓芒认识到德国古典哲学在哲学思维训练中的重要性，同时也意识到翻译康德三大批判的必要性。"首先，作为中国人，我们的思维方式长期受到传统文化的影响，对西方人的思维有一种天生的不适应。只有经过大量的阅读训练，我们才能把思维方式扭过来，逐渐习惯那种思辨性极强的语言和逻辑论证。其次，要把握西方哲学的精神，对外语不能没有要求，必须亲自获得对经典文献的翻译经验，才可能有更深刻的体会。而国内对德国古典哲学文本的翻译，尤其是对康德主要著作的翻译，长期以来都不尽如人意，很难让人相信。"②

邓晓芒与杨祖陶合作，历经近十年，直接从德文翻译康德的三大批判。

---

① 邓晓芒：《康德哲学讲演录》，桂林：广西师范大学出版社，2006年，第227-228页。

② 邓晓芒：《康德哲学讲演录》，桂林：广西师范大学出版社，2006年，第229页。

"康德的著作大家公认为是非常难读的，非常的晦涩，我和我的导师杨祖陶先生翻译这三大批判前前后后大概花了十年的心血，今年才把它出齐，深感这里面的深度。有句话叫做'说不尽的康德'，我和杨老师认为还应加上一句话叫做'说不尽的康德翻译'。"[①]邓晓芒认识到了康德著作翻译的难度以及不彻底性。

对于《判断力批判》的翻译，邓晓芒说："翻译工作的程序是，首先由我在电脑中译出一个初稿，打出样稿，然后由杨祖陶先生用铅笔仔细校订，我再根据校订过的样稿加以订正。由于电脑操作，省去了很多重复抄写的麻烦。但使我和所有见到过杨先生的校订稿的同事们感到吃惊的是，尽管我在初译时尽了最大的努力小心谨慎，力求少出或不出错误，但仍然被杨先生在初稿上用极细小的字体校改得密密麻麻，几乎要把原文都淹没不见了。算起来，杨先生校改所花的时间，比我译出初稿所用的时间还多得多。这种认真的程度，在目前的国内翻译界还是很少见的。"[②]学术著作的翻译建立在基本的学术伦理之上，学术翻译检验了译者的学术态度和学术良知。对于《实践理性批判》的翻译，邓晓芒说："应当说明的是，该译本是我和我的老师杨祖陶先生从头至尾通力合作的产物。"[③]

杨祖陶评价与肯定了邓晓芒的康德著作翻译："三大批判著作的译稿，无论是其选本（《精粹》），还是三个全译本，都来之不易。它们的完成首先要归功于译者邓晓芒译出的初稿和最后的订正定稿。他是在电脑中译出初稿的，要在电脑中以这样的速度直接从德文原本译出三大批判著作的初稿，没有对康德哲学的深厚理解，没有娴熟地掌握德语，没有精通现代汉语表达功能的功夫，没有沉下心来为学术而学术的一往直前的精神，是无从谈起的。"[④]精通德语与深研康德，是翻译康德著作必须通过的两关。

① 邓晓芒：《康德〈判断力批判〉释义》，北京：生活·读书·新知三联书店，2008年，第1页。

② [德]康德：《判断力批判》，邓晓芒译，杨祖陶校，北京：人民出版社，2002年，中译者序，第3–4页。

③ [德]康德：《实践理性批判》，邓晓芒译，杨祖陶校，北京：人民出版社，2003年，中译者序，第10页。

④ [德]康德：《纯粹理性批判》，邓晓芒译，杨祖陶校，北京：人民出版社，2004年，中译者序，第9–10页。

邓晓芒和杨祖陶翻译康德三大批判有更高的学术追求，就是让康德哲学“说汉语”。“要让哲学说汉语，这不仅是翻译的事，更是哲学思维本身的事，因为翻译（如前所述）一方面是以译者的哲学思维为前提的，另方面最终也是为了促进中国人的哲学思维。”①

二、康德的先验方法

邓晓芒阐释了康德的哥白尼式革命：“但是康德独辟蹊径，认为真理之所以为真理，是因为对象符合于观念。当然，对象符合观念，然后观念也可以符合对象。康德并不否认我们的观念也可以符合于对象。但是，我们的观念为什么会符合对象，并不是由于对象是物自体，而是因为对象首先是我们的观念所建立起来的。我们的观念自己建立起来的对象，那么当然可以符合于这个对象了。观念符合对象是因为对象首先符合了观念。这就是康德的哥白尼式的革命。他在主体和客体之间，作了一个颠倒。”②康德的这种“颠倒”彻底改变了主体和客体之间的关系。传统形而上学以客体为中心，主体符合客体，而康德哲学以主体为中心，客体符合主体，确立了人的主体性。阿利森认为：“康德关于后来所称的他的‘哥白尼式革命’的陈述，可以被看作是第二条且与前一条紧密关联的方法，他以此来尝试阐明他的观念论。”③

康德的哥白尼式革命关系到主体与客体关系的颠倒，从某种意义上说，这也是一场哲学方法的革命。用康德的话说，批判哲学重视方法的批判，需要重新确立形而上学的道路，确定研究与诠释的方法，建构先验观念论。阿利森阐释了康德的先验观念论：“其中最为重要的含义是，像它的对应立

① 邓晓芒：《康德哲学诸问题》（增订本），北京：文津出版社，2019年，第344页。

② 邓晓芒：《康德〈判断力批判〉释义》，北京：生活·读书·新知三联书店，2008年，第10页。

③ ［美］亨利·E. 阿利森：《康德的先验观念论——一种解读与辩护》，丁三东、陈虎平译，北京：商务印书馆，2014年，第60页。

场一样，先验观念论也必须被看作是一种元哲学的‘立足点’，而不是如通常所做的那样，把它看作是一种关于人类认识对象的本性或存在论地位的形而上学学说。这种康德式立场的基本内涵最清楚的体现在两点：康德认为先验观念论的特点是‘形式的’或‘批判的’，他还把他的程序与哥白尼的程序相比较；所以，我们将首先简要考虑这两点。然后，我们就可以具体说明先验观念论和现象主义或贝克莱的那种观念论之间的根本差异。”①

邓晓芒阐释了康德的“先验”：“‘先验的观念性’，以及与此相联的‘先验的观念论’（或“先验的唯心论”），是康德对自己整个‘先验哲学’的称呼，是对‘先验’一词的最基本的用法。”②先验观念论是康德批判哲学的又一名称。“总之，‘先验的’这个术语是指对一切先天知识的一种认识论上的处理方式，它本身也是先天的，但又不仅仅是先天的。康德在这里为了区别而把先验的知识与形式逻辑和几何学的先天知识做了对比。所以先验的知识包括先验感性论、先验逻辑中的先验分析论和先验辩证论，它们有一个共同的特点，都是从认识论上探讨知识（数学知识、自然科学知识和形而上学知识）何以可能（或何以不可能）的，因而都具有认识论含义。”③

邓晓芒阐释了“先验的”概念的内在涵义，同时反驳了牟宗三对于康德“先验的”概念的误读，为康德“先验的”概念正名。“当然，牟宗三也不是处处都把‘先验的’等同于‘超验的’，为了辨析清楚这一对概念，他在其有关康德哲学的最具代表性的著作《现象与物自身》中，曾专门辟出一个长达70页的‘附录’来讨论‘超越的观念论释义’（可见此问题在他的康德研究中确实占有极为重要的地位），但从整个冗长而反复的辨析中我们可以看出，牟宗三在费尽辛苦地把握康德的思想时完全走岔了路。”④

牟宗三有极强的哲学自主意识，以中国哲学诠释与消化康德哲学美学

---

① ［美］亨利·E. 阿利森：《康德的先验观念论——一种解读与辩护》，丁三东、陈虎平译，北京：商务印书馆，2014年，第58-59页。

② 邓晓芒：《康德哲学诸问题》（增订本），北京：文津出版社，2019年，第14-15页。

③ 邓晓芒：《康德哲学诸问题》（增订本），北京：文津出版社，2019年，第17页。

④ 邓晓芒：《康德哲学诸问题》（增订本），北京：文津出版社，2019年，第392页。

是他坚持的基本方法，他对“先验的”与“观念的”存在极大的哲学偏见，始终回避“观念论”或“观念性”。“在他心目中，‘观念’（英文idea）一词在贝克莱和休谟的意义上就只能是一个主观的心理学的词，它怎么可能为经验带来客观性呢？他没有考虑到，一旦康德把‘观念性’赋予先验的含义，它就具有了普遍必然的形式法则的意义，这就不是单纯的主观性，而是由主观性（主体性）建立起客观性的意思了”[①]。邓晓芒认为牟宗三没有吃透康德“先验的”概念，他只是从字面上寻找康德语词层面的矛盾，而不是探求思想内部的矛盾。

康德确立了先天的认识能力，建构了先天的认识结构，规定了先天的知性范畴，“这些范畴有十二个范畴，分为四组。包括量的范畴，质的范畴，关系的范畴和模态的范畴。量的范畴就是单一性、多数性和全体性；质的范畴就是实在性、否定性和限制性；关系范畴就是实体和偶性、因果性以及交互关系；模态范畴就是可能性、现实性和必然性——可能和不可能，现实和非现实，必然和偶然。这样一整套的范畴，康德把它们编成四组，每组三个”[②]。邓晓芒认为，主体捕捉我们感性之中的经验材料，主体认识不涉及物自身。康德的范畴表与判断表相对应，这是知性的先验逻辑运作的方式。“知性本身具有统一底建立之一项先天线索。统一底建立之这项先天线索我们可依每次不同的统一机能在概念中把握，并且展示成一个范畴表，此表正好与判断表相对应。因为这些判断机能是统一底先天机能，所以直观底统一之概念（它们是从这些判断机能追查出来的）是属于知性，而非属于感性的先天概念。”[③]

康德从先验的意义上揭示出人类学的新的研究课题，区分知、情、意成了康德建构关于人的学说的基本模式。[④]恩斯特·卡西尔认为，康德在《判断力批判》中描述了人类理智的基本结构，并把这种结构与其他可能的

---

① 邓晓芒：《康德哲学诸问题》（增订本），北京：文津出版社，2019年，第398页。

② 邓晓芒：《康德〈判断力批判〉释义》，北京：生活·读书·新知三联书店，2008年，第7页。

③ Hans Michael Baumgartner：《康德〈纯粹理性批判〉导读》，李明辉译，台北：联经出版事业公司，1988年，第72页。

④ 邓晓芒：《康德哲学诸问题》（增订本），北京：文津出版社，2019年，第210页。

认知方式区别开来。[1]康德在《纯粹理性批判》中确立了人类认识的基本结构，在《判断力批判》中奠定了审美的基本结构。邓晓芒指出，只有从先验人类学和康德哲学体系的结构关系出发，才能理解《判断力批判》的内在关系和内在精神。“可见，正是后来对情感能力的先天原则的发现，导致了康德《判断力批判》的诞生。《判断力批判》就是要从判断力中为人的情感能力寻求一种先天的原则，以便使人的知、情、意都能具有先验哲学的基础，从而完成对整个人性做哲学研究的具有先验性质的人类学。”[2]

三、《判断力批判》的摆渡

邓晓芒通过康德的第一批判和第二批判来诠释第三批判，他对于第三批判的解义类似卡西尔对于第三批判的注释，通过康德的批判哲学审视和考察第三批判。卡西尔首先概论第一批判和第二批判[3]，然后注释第三批判。邓晓芒认为，作为一座桥梁，第三批判连接了第一批判和第二批判；作为一个纽带，第三批判巩固了康德批判哲学。桥梁和纽带都具有哲学的隐喻意义。

邓晓芒分析了《判断力批判》的第一导言和导言，强调《判断力批判》的第一导言与导言存在篇幅的差异：“这就是康德对反思判断力、归根到底是对情感能力在沟通认识和道德、知性和理性、理论和实践、自然和自由这两大领域方面的中介作用的集中概括，它最终形成了前面已引用过的康德借‘三分法’所开列的先验哲学体系表。”[4]卡西尔认为，《判断力批判》的第一导言与导言建立在先验哲学普遍原理之上，他阐释了《判断力批判》

① ［德］恩斯特·卡西尔：《人论》，甘阳译，上海：上海译文出版社，1985年，第71页。

② 邓晓芒：《康德哲学诸问题》（增订本），北京：文津出版社，2019年，第208页。

③ H. W. Cassirer, *A Commentary on Kant's Critique of Judgment*, London: Methuen & Co. Ltd., 1938, pp.3-94.

④ 邓晓芒：《冥河的摆渡者——康德的〈判断力批判〉》，昆明：云南人民出版社，1997年，第35页。

的第一导言。卡西尔说："我将试图阐明这个导言必须在与康德思想的普遍法则的关系中来理解，必须视为全部批判哲学的一个部分。我已认为它是建设性的，不仅给予康德问题的整个概要，而是一步步跟随他的论证以及处理他解释的细节。"[①]

邓晓芒指出："由此可见，整个《判断力批判》其实都是谈目的论的，但只有它的第二部分才是对'目的论判断力'的批判，第一部分则不是对目的论的判断力（即运用目的论概念做判断的能力），而只是对目的论中'自然的形式合目的性'的先天根据（即审美判断力）进行批判。所以康德在给莱因霍尔德的信中同时谈到'鉴赏力批判'和'目的论'，这并没有任何不一致的地方，也不是什么'暂且称为目的论'以便后来'让位给美学'。因为目的论本身就有两个部分，即对目的论的先天根据的考察和对目的论判断的运用条件、范围和效果的考察。"[②]邓晓芒以目的论涵摄《判断力批判》，认为《审美判断力批判》与《目的论判断力批判》涉及目的论的不同方面，前者关系到目的论的先天原则的分析，后者关系到目的论判断运用的考察。这种解释是新颖的，也是有说服力的，《判断力批判》的两部分不是割裂的，而是一个有机的整体。

就批判哲学的体系而言，反思性判断力建立了批判哲学的桥梁，审美判断力与目的论判断力分属两个不同的阶段。"反思性判断力的提出给了康德在思辨理性和实践理性之间建立一个桥梁的可能性。这个判断力自身并不形成一个'特殊的部分'，而是介于理论和实践之间，'在必要时随机附加于双方中的任何一方'。因为它是诸认识能力的自由而合乎目的的运用，所以它一方面出身于人的认识能力，与人的认识相关，另一方面又指向着人的自由和道德，与人的实践相关。"[③]《判断力批判》是康德先验人类学的核心部分，他发现了审美判断的先天原则，并架起一座过渡的桥梁，最终

① H. W. Cassirer，*A Commentary on Kant's Critique of Judgment*，London：Methuen & Co. Ltd.，1938，p.99.

② 邓晓芒：《康德哲学诸问题》（增订本），北京：文津出版社，2019年，第237页。

③ 邓晓芒：《康德哲学诸问题》（增订本），北京：文津出版社，2019年，第209页。

形成人类学结构，即“人类知、情、意三种本质力量结合而成的整体”[①]。《判断力批判》解决了自然人和自由人的矛盾，消除了自然领域与自由领域之间的鸿沟。“康德全部判断力批判、乃至他整个哲学的结论，归结到一点就是：人是目的；而人之所以是最终目的，是因为他自己就是最高价值，这个最高价值就在于人的自由。”[②]

① 邓晓芒:《冥河的摆渡者——康德的〈判断力批判〉》，昆明：云南人民出版社，1997年，第142页。

② 邓晓芒:《冥河的摆渡者——康德的〈判断力批判〉》，昆明：云南人民出版社，1997年，第141页。

下编

第十一章　文艺的他律与自律

晚清以来，文艺话语不断出现，文艺观念不断嬗变。我们须重新审视这些文艺话语，把握文艺话语的观念史意义；分析文艺观念的内在肌理，阐释文艺观念的现代性。

一、文艺革命论

中国诗歌历史悠久，从先秦《诗经》开始，至唐代发展到顶峰，随后走向衰微。王国维在《人间词话》中勾勒了中国诗歌发展小史，大致亦是如此。“凡一代有一代之文学：楚之骚，汉之赋，六代之骈语，唐之诗，宋之词，元之曲，皆所谓一代之文学，而后世莫能继焉者也。”[①]王国维的论说具有文学进化的观念，文体的兴盛与转换和时代相关。

在晚清，诗歌形式陈陈相因，诗歌内容陈旧空泛。王韬说：“然窃见今之所为诗人矣，扯挦以为富，刻画以为工，宗唐祧宋以为高，摹杜范韩以为能，而于己之性情无有也，是则虽多奚为？”[②]晚清诗人重视诗歌的模仿，轻视诗歌创造，遗忘诗歌情性。黄遵宪是“诗界革命”先驱，他的诗论突破了旧诗格律的严格限制，主张吟咏“真情性”，诗歌语言要突破旧诗雅言与俗言的界限，用口语，诗歌创作要革新诗歌的内容与形式。

在西方思想影响下，梁启超提倡“小说界革命”：“欲新一国之民，不

① 王国维:《宋元戏曲史》，上海：华东师范大学出版社，1995年，第1页。

② 《中国近代文论选》(上)，北京：人民文学出版社，1959年，第16页。

可不先新一国之小说。故欲新道德，必新小说；欲新宗教，必新小说；欲新政治，必新小说；欲新风俗，必新小说；欲新学艺，必新小说；乃至欲新人心，欲新人格，必新小说。何以故？小说有不可思议之力支配人道故。”[①]“小说界革命”有经世致用的目标，小说与国民教化相关。

1917年1月，胡适在《新青年》上发表《文学改良刍议》一文，正式拉开“文学革命”的序幕。胡适提出文学改良的八项主张。陈独秀宣扬“文学革命”的三大主义：“曰推倒雕琢的阿谀的贵族文学。建设平易的抒情的国民文学。曰推倒陈腐的铺张的古典文学。建设新鲜的立诚的写实文学。曰推倒迂晦的艰涩的山林文学。建设明了的通俗的社会文学。”[②]吕澂倡导“美术革命”，指出“美术革命”的途径：一是阐明美术范围与实质，使人们明白美术的本质是什么；二是阐发西方美术历史变迁与现状，使人们了解美术发展的趋势。[③]陈独秀提倡运用西方绘画的写实精神来“改良中国画”。[④]陈独秀的“美术革命”遵循“文学革命”的现实逻辑，回应了历史与现实的需要。

徐悲鸿提出绘画改良主张，反对中国画程式。徐悲鸿认为中国画是“东方之文明物”，可以通过绘画比较东西方文明，[⑤]主张西方画融入中国画，而“所可入者”特指西方写实主义绘画。无论是美术革命论还是绘画改良说，大多主张以西方艺术改造中国传统艺术。

在新文化运动中，“文学革命”与“美术革命”一脉相承，文艺革命话语存在“家族相似”的特征，这些看似不同的文艺革命主张同属一种话语谱系。文艺革命论强调文艺的社会责任与现实功能，较少涉及文艺本身的问题。实质上，文艺革命论至多只是一种文艺观念的革新，而不是文艺观念的革命。

---

① 《梁启超文选》(上集)，北京：中国广播电视出版社，1992年，第3页。

② 陈独秀:《文学革命论》,《新青年》第2卷第6号。

③ 吕澂:《美术革命》,《新青年》第6卷第1号。

④ 陈独秀:《美术革命》(答吕澂来信),《新青年》第6卷第1号。

⑤ 徐悲鸿:《中国画改良论》,《绘学杂志》1920年第1期。

二、文艺的他律

梁启超在《新民丛报》第22号上发表了《释革》一文。梁启超认为，汉字的“革”相当于英语的Reform和Revolution。因而，“革”有两层意思：第一层是改革、变革之意。梁启超说：“吾故曰：国民如欲自存，必自力倡大变革实行大变革始；君主官吏而欲附于国民以自存，必自勿畏大变革且赞成大变革始。呜呼！中国之当大变革者岂惟政治；然政治上尚不得变不得革，又遑论其余哉！呜呼！”①第二层是革命之意。梁启超列举种种革命话语，这些复合名词中的“革命”一词具有类似的涵义。“夫淘汰也，变革也，岂惟政治上为然耳，凡群治中一切万事万物莫不有焉。以日人之译名言之，则宗教有宗教之革命，道德有道德之革命，学术有学术之革命，文学有文学之革命，风俗有风俗之革命，产业有产业之革命。即今日中国新学小生之恒言，固有所谓经学革命、史学革命、文界革命、诗界革命、曲界革命、小说界革命、音乐界革命、文字革命等种种名词矣。”②

李博追溯了“革命”术语的起源，“‘革命’这一术语首次引入汉语是在1896年的《时务报》杂志上”③。列文森指出：“‘革命’（Ko-ming）这一具有强烈的政治突变所意味的复合词，便被赋予了西方意义上的革命（Revolution）的涵义。近代中国人也依次扩大了他们的词汇，并在日本的语言中发现了一个现代词汇的贮藏所。当他们将日本词汇中的‘革命’（Revolution）一词借用过来时，他们便依据它的涵义对中国的‘革命’（Ko-ming）一词作了同样的转换，即从字面的儒家意义转换成比喻的西方

① 《梁启超全集》（第三卷），北京：北京出版社，1999年，第761页。

② 《梁启超全集》（第三卷），北京：北京出版社，1999年，第760页。

③ ［德］李博：《汉语中的马克思主义术语的起源与作用：从词汇—概念角度看日本和中国对马克思主义的接受》，赵倩等译，北京：中国社会科学出版社，2003年，第149页。

意义。”[①]“革命”是一个外来词，这一语词在中国旅行，进入不同知识领域，不断地变异与衍生出新的意义。李博指出，“革命”一词在梁启超写《释革》这篇文章时已是汉语中的“时髦词汇”，出现在“道德之革命”“学术之革命”“文学之革命”等短语中。[②]“革命”运用到中国之后，既有推陈出新之意，也有颠覆重来之意。分析和判断这些文艺革命话语，不能基于理论假设，需要回到具体的历史文化语境，理解文艺革命话语的现实针对性。

梁启超的“小说界革命”并不是以文学自身为目的，而是以文学为手段塑造新民。梁启超提倡小说教育，从文学与现实关系出发，关注小说的社会责任与教化功能，以实现“群治”为目的。梁启超的“小说界革命”关系到民众启蒙，胡适的文学改良主张涉及文学语言与文体的革新，陈独秀的“文学革命”落脚点在文学何为的问题之上，这些大多涉及文学外部问题，尤其是文学与现实的关系问题。

三、文艺的自律

王国维在《人间词话》中标举“境界”一词，阐释中国古典的诗词。境界已不仅仅是中国古典美学范畴，而是浸染西方思想的美学范畴，具有独特的审美价值。王国维认为境界是情与景的统一，无论是无我之境还是有我之境，实质上，二者同属美的境界。美的境界不受任何外在因素的限制，因此，美的境界是自足的。朱光潜认为，境界既“本于自然”，又“必有所造”；既不能离开“自然”，又要超越“自然”。

宗白华阐发了中国艺术的意境，在不同境界区分中，认识到艺术意境的自律性。当然，意境一词也不是宗白华的独创。王昌龄在《诗格》中论

① ［美］列文森:《儒教中国及其现代命运》，郑大华、任菁译，北京：中国社会科学出版社，2000年，第253页。

② ［德］李博:《汉语中的马克思主义术语的起源与作用：从词汇—概念角度看日本和中国对马克思主义的接受》，赵倩等译，北京：中国社会科学出版社，2003年，第150页。

道："诗有三境：一曰物境。欲为山水诗，则张泉石云峰之境，极丽绝秀者，神之于心，处身于境，视境于心，莹然掌中，然后用思，了然境象，故得形似。二曰情境。娱乐愁怨，皆张于意而处于身，然后驰思，深得其情。三曰意境。亦张之于意而思之于心，则得其真矣。"①宗白华认为，艺术意境是一个美的王国，与利害无关，是一个自足的世界，是情感和意象的胎儿，是"一切艺术底中心的中心"。中国艺术意境存在三个层次：一是摹写直观感象，这是写实的境界；二是传达活跃的生命，这是传神的境界；三是启示最高灵境，这是妙悟的境界。

丰子恺区分了科学与艺术的差异，把艺术置于科学之上，强调艺术的自主性。艺术不以假设阐明宇宙的真相，而是以艺术方法显示真相，艺术方法是一种经验方法，艺术视知觉经验更可靠，艺术的真实更可信。"原来最高的真理，是在乎晓得物的自身，不在乎晓得它的关系或过去未来或原因结果，所以物的真相，便是事物现在映在吾人心头的状态，便是事物现在给与吾人心中的力和意义。"②康德指出："既没有美者的科学而只有美者的批判，也没有美的科学而只有美的艺术。因为谈到美者的科学，那在它里面就会应当科学地、也就是通过证明根据来澄清，某种东西是否必须被视为美的；因此，关于美的判断如果是属于科学的，它就不会是鉴赏判断。至于后者，一门科学本身应当是美的，它就是荒唐的东西。"③康德区分了艺术与科学，丰子恺实际上借鉴和运用了康德的这种区分，作为论证艺术自主性的理论基础。

丰子恺指出，艺术"和世界一切脱离"，保住绝缘的状态，不是他律而是自律的，保持了自律的特征。正如布洛克所论："简言之，艺术品乃是独特的和不可重复的东西，它是为了人们的品尝和欣赏而存在的。这其实是18世纪流行的'审美'定义的继续，按照这一定义，所谓审美活动，就是一种感性的、直觉的、个别的和不可重复的活动。它同那种概念性的、理智的一般性的和服从于严格不变的正确原则的'逻辑'活动恰成对立。康

① 《中国历代文论选》（第二册），上海：上海古籍出版社，2001年，第88-89页。
② 《丰子恺文集》（1），杭州：浙江文艺出版社、浙江教育出版社，1990年，第13页。
③ 李秋零主编：《康德著作全集》（第5卷），北京：中国人民大学出版社，2007年，第317页。

德所作的种种证明则使这一区别成了审美活动的永恒的特征。”①

康德肯定人是目的，肯定了人的想象力与创造性力量，论证了美的艺术，确定了艺术的独立价值。周策纵指出：“新文学家攻击传统文学理论的核心——‘文以载道’及‘道德原则’的观念，认为它们限制太死。这些旧的理论最终被取代了，或至少被重新作了解释。文学从此成了为文学而文学，或是为了传达某些新的理想。”②王国维阐明文艺的审美价值，主张文艺自律，他的文艺观具有审美现代性特征。王国维、朱光潜、宗白华等人坚持审美无利害性，批判传统的功利主义文艺观念和儒家文艺传统，主张审美独立与艺术自律，创造出“艺术的艺术”的世界。“艺术的艺术”就是“为艺术而艺术”（Art for art’s sake，L’art pour l’art），这种浪漫主义的主张断言文艺不依赖社会生活、政治、道德和科学，强调文艺的形式及其审美价值。可见，文艺革命话语与文艺自主话语相对立，文艺他律与文艺自律相对立。

四、文艺的现代性

晚清以来的文艺革命论与西方思想相关，尤其与西方启蒙思想直接相关。中国近代学者深受启蒙运动思想的影响，并做出类似的文化选择。康德在《回答这个问题：什么是启蒙？》一文中说道：“启蒙就是人从他咎由自取的受监护状态走出。受监护状态就是没有他人的指导就不能使用自己的理智的状态。如果这种受监护状态的原因不在于缺乏理智，而在于缺乏无须他人指导而使用自己的理智的决心和勇气，则它就是咎由自取的。因此，Sapere aude［要敢于认识］！要有勇气使用你自己的理智！这就是启蒙

①［美］H.G.布洛克：《现代艺术哲学》，滕守尧译，成都：四川人民出版社，1998年，第192页。
②［美］周策纵：《五四运动：现代中国的思想革命》，周子平等译，南京：江苏人民出版社，1996年，第375页。

的格言。”[1]康德界说人的“受监护状态”就是人的不成熟状态，这样的主体没有能力运用理智来判断和行为；理智的判断最关键，还要有理智的勇气与决心，只有这样，才能转变人的“受监护状态”。

福柯论道：“康德把启蒙描述为人类运用自己的理性而不臣属于任何权威的时刻；就在这个时刻，批判是必要的，因为它的作用是规定理性运用的合法性的条件。”[2]人运用理性，认识和裁断对象，认识到理性的界限和可能性。福柯认为，批判是启蒙运动的理性手册。启蒙的前提是充分地运用理性的自由，这是康德论启蒙的一个关键点。叶秀山说：“‘启蒙’精神，乃是‘理性’精神，‘自己’精神，‘自由’精神，乃是‘摆脱’‘外在’支配，‘自己’当家做主的‘自主’精神。”[3]叶秀山认为，启蒙精神是摆脱他者指导的独立自主精神。

陈乐民认为，在英、法、德语中，“启蒙”因其特殊的历史意义而习惯大写（Enlightenment，Lumières，Aufklärung），并无“运动”之意。“西方的‘启蒙’不是这样的。它是自然、自发、在日常进行的具有广泛社会影响和久远历史价值的精神和心智活动。它或许是个人的，也可以是许多受过高等教育的哲学家、科学家、艺术家、史学家、社会学家、文学家、新闻记者等在思想和知识交流中播下可以提升人类价值和品味的精神种子，这些种子即使不能‘立竿见影’地见出效果，也将（这是更重要的）在将来结出果实。启蒙思想家们之间没有入主出奴的一致意识形态，他们都是独立的、自由的、见解互有同异的人。”[4]中国近代学者认为国民的精神状态是不成熟的，理智是不健全的，启蒙成为教化国民的手段。

梁启超在《近世第一大哲康德之学说》一文中肯定康德哲学的启蒙作用：“康德之时代实德意志国民政治能力最销沉之时代也。民族散漫，无所统一，政权往往被压于异族之手，而大哲乃出乎其间。浅见者或以为哲学之理论于政治上毫无关系，而不知其能进国民之道德，牖国民之智慧，使

---

① 李秋零主编：《康德著作全集》（第8卷），北京：中国人民大学出版社，2013年，第40页。
② ［法］M.福柯：《什么是启蒙？》，汪晖译，《天涯》1996年第4期。
③ 叶秀山：《启蒙与自由——叶秀山论康德》，南京：江苏人民出版社，2013年，第130页。
④ 陈乐民：《启蒙札记》，北京：生活·读书·新知三联书店，2009年，第181页。

国民憬然自觉我族之能力精神至伟且大，其以间接力影响于全国者，实不可思议。虽谓有康德然后有今之德意志焉，可也。”[①]西方启蒙思想在中国文化语境已变异，“诗界革命”与“文学革命”演变为文学教化方式，接续了“诗言志”的人文传统。梁启超的“小说界革命”既是情感的启蒙武器，也是教化民众的利器。中国学者用启蒙哲学作为思想武器，他们“拿来”西方思想，以之作为文化复兴的途径，借此重估中国传统文化的价值。

王国维认为启蒙时代的特征在于“力戒盲信盲从”，他在《汗德之哲学说》一文中评价了康德的启蒙思想：“凯尼斯堡之大哲人汗德之位置，所以超绝于众者，在其包容启蒙期哲学之思想，而又加以哲学之新问题及新方法也。”[②]恩斯特·卡西勒（现多译为恩斯特·卡西尔）评论了18世纪启蒙运动时期的基本精神：“这个世纪的杰出思想家都兼通哲学、文学和美学批评，这绝非出于偶然，而始终是由于这两个思想领域的问题具有深刻的、内在的必然联系的结果。系统哲学的基本问题和文学批评的基本问题之间一向是有密切关系的。”[③]在近代中国，文艺观念与哲学观念密不可分，互为表里。

黄兴涛认为，在传统的现代转换中，词汇的构成上出现“断裂”，但仍然可以找到接引“现代性”的机能和实现转化的契机。传统“也有强大的选择力、制约力，不仅有形式上的诸如词素、构词法的限制、诱导，更有内涵、观念和价值上的选择”[④]。这种语词和概念的现代性考察表明了中国新名词、新概念现代性过程的复杂性，审美现代性、文艺现代性与思想现代性共生与交织。同时，审美现代性与中国文艺传统并没有完全割裂，中国传统文艺思想影响甚至制约了审美现代性的进程。

总体上看，中国近代文艺革命话语谱系具有同一性特征。文艺革命论强调启蒙与教化的功能，肯定艺术的社会责任。文艺自律论则强调文艺的

---

① 《梁启超全集》（第四卷），北京：北京出版社，1999年，第1055页。

② 周锡山编校：《王国维集》（第二册），北京：中国社会科学出版社，2008年，第128页。

③ ［德］E.卡西勒：《启蒙哲学》，顾伟铭、杨光仲、郑楚宣译，济南：山东人民出版社，1988年，第269页。

④ 黄兴涛：《清末民初新名词新概念的“现代性”问题——兼论“思想现代性”与现代性“社会”概念的中国认同》，《天津社会科学》2005年第4期。

审美价值，肯定艺术的自主性。文艺革命论坚持一条“反传统”的传统道路，文艺自律论则真正地反传统，走上审美现代性的道路。中国近代历史文化语境影响了中国近代文艺观念，文艺自律观很难得到普遍认同，而文艺他律观在时代中不断地强化，成为文艺理论的主流。

第十二章　古雅的大义

阐释王国维的“古雅说”，诸多研究预先假定了古雅的理论价值，探讨古雅说在王国维美学中的重要性。我们需要重新剖析古雅说的理论缺失，重估其实践价值，揭示古雅应有之义。

一、古雅的界说

在《古雅之在美学上之位置》一文中，王国维初步界定了古雅：“‘美术者，天才之制作也。’此自汗德以来百余年间学者之定论也。然天下之物，有决非真正之美术品，而又决非利用品者。又其制作之人，决非必为天才，而吾人之视之也，若与天才所制作之美术无异者。无以名之，名之曰‘古雅’。”①

“美术者，天才之制作也。”康德断言美的艺术是天才的艺术。“天才就是给艺术提供规则的才能（自然禀赋）。既然这种才能作为艺术家天生的创造性能力本身属于自然，所以人们也可以这样来表述：天才就是天生的心灵禀赋（ingenium），通过它自然给艺术提供规则”②。“天才不是趣味，但是它在艺术中激发趣味，通过它赋予一种灵魂或一种意旨。至于趣味，有诸多作品是完美的，但它们缺少灵魂，也就是说，它们缺乏天才。”③德勒兹认为，在艺术中，想象力与知性的协调只有通过天才才能带来生命，如果没

① 周锡山编校：《王国维集》（第一册），北京：中国社会科学出版社，2008年，第184页。

② 李秋零主编：《康德著作全集》（第5卷），北京：中国人民大学出版社，2007年，第320页。

③ Gilles Deleuze, *La philosophie critique de Kant*, Paris: Presses Universitaires de France, 1963, p.82.

有天才，这仍然是不可交流的。

王国维在实用品与美术之间界说古雅，认为制作古雅美术的不是天才。古雅与“真正之美术品”具有同样的性质，这种性质处在优美与宏壮[①]之中。性质与价值皆存于古雅之中，这是古雅质的规定性。“一言以蔽之曰：可爱玩而不可利用者是已。”[②]“不可利用者”意味着不存在利害关系，古雅与利害无关。王国维以康德美学论证古雅。[③]其实，王国维运用的西学资源比表面上的要多，前面已探讨了他对西方经验论和观念论的研究，诠释古雅也扎根经验论和观念论美学传统。在英国经验论美学中，博克运用经验的方法，其美学建立在培根与洛克的经验论和感觉论原则之上。[④]

王国维看似运用康德先验方法阐释古雅，而放弃了博克的经验论美学立场。王国维说：“要而言之，则前者由一对象之形式，不关于吾人之利害，遂使吾人忘利害之念，而以精神之全力沉浸于此对象之形式中。自然及艺术中普通之美，皆此类也。”[⑤]自然美与艺术美都不涉及利害，只关系到对象的形式。塔塔科维奇区分了形式概念的五种涵义，他将康德的形式概念命名为形式E。“康德使用了第五种涵义，我们称之为形式E。对康德和他的追随者来说，这意味着心灵对于感知对象的贡献。康德的形式的对立和关联并不是由心灵产生和引入的，而是由经验从外部给予它的。”[⑥]王国维所言的第一形式并不是康德在《纯粹理性批判》中所发现的知识的先天形式。

优美与宏壮都有美感的普遍性质。王国维认为，一切的美都是形式的美，“就美之自身言之，则一切优美皆存于形式之对称变化及调和。至宏壮

① 中国学者对西方美学概念的理解、翻译与诠释是一个很重要的问题，涉及概念传播、接受与变异的历史性、过程性和复杂性。日本学者铃木贞美等人，倡导概念编成史研究。为了保证本章概念的前后一致性，涉及博克与康德的“崇高”概念皆用王国维的“宏壮”，以免引起歧义。

② 周锡山编校：《王国维集》（第一册），北京：中国社会科学出版社，2008年，第184页。

③ 对于王国维美学的西学资源，大致存在两种观点：一种认为王国维美学以叔本华哲学为解释框架，一种认为它以康德哲学美学为基础。在《古雅之在美学上之位置》一文中，王国维的分析方式是康德式的而非叔本华式的。探讨西方美学与中国现代美学关系时，有的研究者将中国学者的美学思想归结为西方某个美学家的影响，忽视了影响因素的复杂性，这往往造成一种偏颇之见。

④ Edmund Burke，*A Philosophical Enquiry into the Origin of Our Ideas of the Sublime and Beautiful*，edited with an introduction and notes by James T. Boulton，London：Routledge and Kegan Paul，1958.

⑤ 周锡山编校：《王国维集》（第一册），北京：中国社会科学出版社，2008年，第184页。

⑥ W. Tatarkiewicz，*A History of Six Ideas*，Warszawa：Polish Scientific Publishers，1980，p.221.

之对象，汗德虽谓之无形式，然以此种无形式之形式，能唤起宏壮之情，故谓之形式之一种，无不可也”①。王国维认为优美与宏壮关系到第一形式，然而当优美与宏壮都不能表现某种美的时候，则需要第二形式表现它。“故除吾人之感情外，凡属于美之对象者，皆形式而非材质也。而一切形式之美，又不可无他形式以表之，惟经过此第二之形式，斯美者愈增其美，而吾人之所谓古雅，即此第二种之形式。即形式之无优美与宏壮之属性者，亦因此第二形式故，而得一种独立之价值，故古雅者，可谓之形式之美之形式之美也。”②

王国维的古雅说突破了康德的美学范畴，他并没有清晰地定义古雅，只是描述了古雅，并区分了第一形式与第二形式。优美与宏壮涉及第一形式。布洛克指出：“在康德关于‘形式’的论述中，其要点在于：审美判断决不能依赖于对一幅画或一座雕塑中某事物的辨别或识认，因此，在这种判断中必须排除对再现性内容的认识。”③古雅判断与第二形式有关，与对象的内容有关，并没有排除再现性内容。“然古雅之性质，有与优美及宏壮异者。古雅之但存于艺术，而不存于自然，既如上文所论矣，至判断古雅之力，亦与判断优美及宏壮之力不同。后者先天的，前者后天的、经验的也。优美及宏壮之判断之为先天的判断，自汗德之《判断力批评》后，殆无反对之者。此等判断既为先天的，故亦普遍的、必然的也。”④优美的判断与宏壮的判断既是审美判断，又是反思判断。因此，优美的判断与宏壮的判断都是主观的、普遍的、必然的。

至于古雅的判断，王国维说：“若古雅之判断则不然，由时之不同而人之判断之也各异。吾人所断为古雅者，实由吾人今日之位置断之。古代之遗物无不雅于近世之制作，古代之文学虽至拙劣，自吾人读之无不古雅者，若自古人之眼观之，殆不然亦。故古雅之判断，后天的也，经验的也，故

① 周锡山编校：《王国维集》（第一册），北京：中国社会科学出版社，2008年，第184页。
② 周锡山编校：《王国维集》（第一册），北京：中国社会科学出版社，2008年，第185页。
③ ［美］H.G.布洛克：《现代艺术哲学》，滕守尧译，成都：四川人民出版社，1998年，第193页。
④ 周锡山编校：《王国维集》（第一册），北京：中国社会科学出版社，2008年，第186页。

亦特别的也，偶然的也。”[①]从判断的性质上看，古雅的判断既是后天的判断，又是经验的判断，与优美的判断和宏壮的判断区别开来。优美的判断与宏壮的判断具有普遍性与必然性，古雅的判断具有特殊性与偶然性。从应用范围来看，古雅的判断只适用于艺术，而优美的判断与宏壮的判断既适用于自然又适用于艺术。从能力上看，判断古雅的能力可由后天修养，判断优美与宏壮的能力“虽中智以下之人，不能创造”。

二、古雅的悖论

古雅并不是一个清晰明确的概念，而是一个似是而非的概念。由于古雅的经验特征，削弱了古雅说的理论创造性。王国维确立了古雅在中国传统艺术中的地位，以例证说明古雅是中国传统艺术的独特范畴。

王国维说：“绘画中之布置，属于第一形式，而使笔使墨，则属于第二形式。凡以笔墨见赏于吾人者，实赏其第二形式也。此以低度之美术为尤甚。三代之钟鼎，秦汉之摹印，汉、魏、六朝、唐、宋之碑帖，宋、元之书籍等，其美之大部，实存于第二形式。吾人爱石刻不如爱真迹，又其于石刻中爱翻刻不如爱原刻，亦以此也。凡吾人所加于雕刻、书画之品评，曰‘神’、曰‘韵’、曰‘气’、曰‘味’，皆就第二形式言之者多，而就第一形式言之者少。文学亦然，古雅之价值，大抵存于第二形式。”[②]第一形式与《判断力批判》中的形式概念直接相关，关系到对象表象的形式。第二形式不是纯形式，而是包含内容的形式。

松崎俊之认为，在直感反思判断的认识论模式中，形式是客观与表象的“中间状态”，直感反思判断的认识论模式是由“客观—形式—表象—主观”四项组成的。[③]王国维所言的第一形式与主体情感相关，第一形式不涉

① 周锡山编校：《王国维集》（第一册），北京：中国社会科学出版社，2008年，第186页。

② 周锡山编校：《王国维集》（第一册），北京：中国社会科学出版社，2008年，第185-186页。

③ ［日］松崎俊之：《从康德的判断论看直感判断的性质》，曲翰章译，《国外社会科学》1985年第12期。

及任何对象表象的内容，是对象表象的纯形式。“显而易见，反思审美判断的‘纯形式’不是做出这些判断的直观的经验多样性的客观形式。‘纯形式’先于任何可能的客观特征，因为它首先为直观的东西确保了经验的客观性的形式。‘纯形式’只涉及被给予一种表象的可能性，即拥有一个对象的形式。因此，只根据对象形式判断为美的东西是允许将某种事物的表象作为一个不确定的经验对象的形式的。”①

古雅不是由天才创作的，不是美的艺术，古雅艺术具有教化功能。中国人大多能经验古雅艺术，欣赏古雅艺术，具有古雅的判断力。王国维深知中西思维方式的差异，一方面他运用康德先验方法阐释优美与宏壮，另一方面他运用经验方法解释古雅。古雅、优美以及宏壮关系复杂。优美与宏壮被看作美的第一形式时，王国维似乎遵循了康德美学的理路，他论说优美与宏壮仅限于概念的挪移而非思维方式的运用。在康德美学中，从优美到宏壮存在一种过渡，与经验世界无关，优美与宏壮也不指向教化本身。

古雅并不具有概念的明晰性与确定性。王国维引入第一形式与第二形式，并没有区分和定义这两种形式，第一形式与第二形式具有不同的能指与所指。王国维并没有严格运用康德美学中的形式概念，这造成形式概念的内在冲突。塔塔科维奇认为：“康德后来在《判断力批判》（1790年，第34和第46节）中开始对判断力和美的批判，人们可能期望他也会在心灵中发现持续的和必然的形式，发现只有审美经验是可能的。但令人惊讶的是，康德在美学中没有发现任何与他在认识论中发现的形式类似的先天形式，他认为美不是由不变的心灵形式决定的，而是由独特的艺术天才决定的。对于康德而言，不存在美的先验形式（形式E）；美已经是，也将永远是由天才创造的。”②

古雅在本质上与康德美学无关，王国维论说优美与宏壮，只是复述了康德美学的观点。王国维以古雅透视中国艺术史，以描述为主，不是以分析取胜。因此，需要重估古雅说的价值。王国维诠释古雅，在演绎与归纳

① Rodolphe Gasché, *The Idea of Form: Rethinking Kant's Aesthetics*, Stanford: Stanford University Press, 2003, pp.86-87.

② W. Tatarkiewicz, *A History of Six Ideas*, Warszawa: Polish Scientific Publishers, 1980, p.237.

的方法之间转换，在经验论与观念论之间变换，这种调和方式影响到概念的同一性与思想的一致性。如果我们预设了王国维古雅说的一致性，那么就认识不到王国维古雅说的矛盾性。

王国维运用演绎的方法认识古雅问题，不过，运用归纳的方法分析古雅问题，他的古雅说不具有逻辑与理论的一致性。当然，在中国传统哲学中，形上的与形下的、经验与先验、本体与现象的区分并不严格。王国维洞察到运用西方美学范畴解释中国艺术的有限性，他关心的不是古雅说的理论创造，而是古雅的现实性与有效性，古雅说的理论价值是阙如的。

三、古雅的价值

诸多学者试图阐明王国维的古雅说旨在建构一种美学理论。然而，王国维并没有理论建构的意图，只是探讨了一个美学尚未涉及的问题。从历史语境看，倡导经世致用，致力国家富强，乃晚清学术风气。[①]

王国维的古雅说具有一种现实针对性，以艺术教化国人，养育中国人的情感与审美精神。王国维在文艺世界中追索现实问题的答案，他忧生忧世，试图以古雅普及审美教育。从理论价值上看，古雅不能和优美与宏壮相比。从教育价值上看，古雅具有显著的教育价值，“自其教育众庶之效言之，则虽谓其范围较大成效较著可也”[②]。普通民众能经验古雅艺术，这就保证了审美教育的有效性。古雅与审美教育相关，古雅的价值就是审美教育的价值。

王国维的学术旨趣不在建构古雅的美学，其目光投向现实的人生与社会，这是他作为一个学者的历史使命。王国维虽然坚持为学术而学术，然而他没有放弃“齐家、治国、平天下”的抱负。王国维改造康德美学并不

① 作为《教育世界》主笔，王国维的哲学、教育与文学论文大都发表于此。因此，从教育角度剖析“古雅”，或许更趋近王国维古雅说的本意。

② 周锡山编校:《王国维集》(第一册)，北京：中国社会科学出版社，2008年，第187页。

彻底，他试图调和古雅、优美和宏壮的关系，在理论上并没有成功。古雅的目的是为教育服务，教化民众，这凸显了古雅的实践价值。

“故古雅之位置，可谓在优美与宏壮之间，而兼有此二者之性质也。至论其实践之方面，则以古雅之能力，能由修养得之，故可为美育普及之津梁。”①王国维认识到古雅艺术对于人的教化作用，优美之情使人平和，宏壮之情激发人的钦仰之情。古雅则为低度之优美与低度之宏壮。古雅与审美教育关联起来，与情感教育直接相关，是审美教育普及的桥梁。

王国维的国学素养和西学视野使他洞察到中西文艺的差别，西学并没有遮蔽他的慧眼，他没有照搬西方美学范畴，而是立足中国文艺传统，提炼出一个具有中国特色的审美范畴——古雅。古雅是中国传统艺术的审美标准与审美理想，王国维在中国文艺传统中发现古雅，在康德美学中“蓦见”古雅这座美育普及的桥梁。

① 周锡山编校:《王国维集》(第一册)，北京：中国社会科学出版社，2008年，第187页。

第十三章　崇高的论争

崇高在20世纪的中国美学中占有重要的位置，引发多次关于西方美学范畴的翻译与诠释的学术论争。关于Sublime的翻译与诠释，梁宗岱与朱光潜的论争值得深入探讨。

一、Sublime的诸种翻译

朱光潜在《刚性美与柔性美》一文中将美一分为二：刚性美与柔性美。朱光潜说："姚姬传所拿来形容阳刚之美的，如雷电、长风、崇山、峻崖、大河等等，在西方文艺批评中素称为sublime；他所拿来形容阴柔之美的如云霞、清风、幽林、曲涧等等，在西方文艺中素称为grace。grace可译为'清秀'或'幽美'。sublime是最上品的刚性美，它在中文中没有恰当的译名，'雄浑'、'劲健'、'伟大'、'崇高'、'庄严'诸词都只能得其片面的意义，本文姑且称之为'雄伟'（理由见下文）。西方学者常讨论'雄伟'和'秀美'的分别，对于'雄伟'的研究尤其努力。"①

朱光潜认为，Sublime没有一个完全对应的中文术语，雄浑、劲健、伟大、崇高、庄严等只能及其一面。哲学家奎因论说了"翻译的不确定性原理"，"彻底翻译"是不可能的。Sublime译为"雄伟"，则可以完整地包含康德Sublime的意义，涵摄数学的Sublime与力学的Sublime。"崇高有两种，一种是数学的崇高，即证明感官无力满足整体性观念的那些对象所唤

① 《朱光潜全集》（第一卷），合肥：安徽教育出版社，1987年，第424页。

起的崇高感，一种是动力学的崇高，即证明我们作为自然人无力战胜自然力量的那些对象或事件——虽然我们的道德自由胜过那些对象或事件的全能——所唤起的崇高感。这两种崇高都有赖于通过一个外在对象和我们的判断力的根本不符来刺激我们的道德观念，而这种道德观念是任何感性自然界中的东西都表现不了或战胜不了的。”①朱光潜力求在康德美学语境中理解与翻译这个概念，他认为Sublime翻译为“雄伟”，适用于文艺批评。

梁宗岱则在《论崇高》一文中反驳了朱光潜的翻译：

“朱先生为求简明起见，从美底性质立场，根据中国旧有的阴阳说，分为刚性美与柔性美，自无不可。

“可是朱先生又根据德哲康德底学说，把西文底Sublime和Grace附上去，译前者为‘雄伟’，后者为‘秀美’，以为相当于我国底阴阳，我便不能不有异议了。

“这本来不是自朱先生始的，王静安先生，不用说也是受了康德底影响，在《人间词话》里早就有‘壮美’和‘优美’之别。如果完全以康德为根据，朱先生底译名自然是进一步的，甚至可以说是译名中一个杰作；因为‘伟’字，依照朱先生自己解释，可以括尽康德底‘数量的Sublime’底意义，‘雄’字可以括尽‘精力的Sublime’底意义。”②

梁宗岱质疑了朱光潜对于Sublime的翻译。Sublime翻译为“雄伟”是否适用于文艺批评？ Sublime与Grace能否与中国的刚性美和柔性美相对应？梁宗岱说：“同样，如果历代关于Sublime的学说大半发源于康德，无非因为他是第一个从心理底观点试去解释这名词，或这名词底代表的感觉或境界罢了。无论他是怎样伟大的哲学家，无论他底思想怎样独断众流，他底《判断力底批判》怎样富于启发和暗示，他底诠释，即使，或者正因为，是第一个，只代表他个人对于这名词底理解，只是一种发轫的尝试，至多亦不过是一种基础的草案而已。他断不能对这问题说最后一句话，我们亦断不能接受他底主张作为定论。换言之，他底理论正有待于后人底修

① ［英］鲍桑葵：《美学史》，张今译，北京：商务印书馆，1985年，第360页。

② 《梁宗岱文集》（II），北京：中央编译出版社，2003年，第109页。

正与补充。”[①]梁宗岱认为Sublime的翻译不能囿于康德，康德对Sublime的诠释只是他自己的观点，很难说是完备的。梁宗岱没有盲从，反而质疑了康德的崇高学说。

梁宗岱以达·芬奇的绘画、贝多芬的《第三交响乐》和陀思妥耶夫斯基的《罪与罚》为例，反驳朱光潜对于刚性美与柔性美的区分。梁宗岱认为，用秀美来形容达·芬奇的绘画是不妥当的，柔性美与Sublime并不是截然对立的，形容这三种文艺作品都应该用Sublime，如果译为“雄伟”，那么三处都不适用。

梁宗岱指出：“最基本的理由，据我底私见，就是所谓刚柔纯粹指美底性质而言，Sublime和Grace却偏于品格方面。性质和品格常常有密切的关系，但是品格并不就是性质。”[②]梁宗岱认为，应该从词源学上理解与翻译Sublime，“‘崇高’译名根据拉丁文Sublimis，从动词Sublimare变出来，有高举的意思”[③]。因此，翻译一个术语不能抛开它的词源而完全采纳一家之言。梁宗岱既关注术语的词源学渊源，也重视学界约定俗成的翻译。

翻译Sublime，朱光潜采用“雄伟”，而梁宗岱选择“崇高”，二者的学术论争开始于概念的译名。在西学东渐中，概念的翻译与诠释极其关键，是理解不同文化传统的钥匙。两种异质文化相遇时，“我们便具有两类不同的翻译：对等的直译和带有语言创新的翻译。通过它们，传统可以从其初始语言中（从希伯莱语或希腊语或无论什么语中），转换成后来的语言。注意，翻译的这两种关系可以适用于文本或话语的其它体系之间，不仅在相互不同的语言（如希伯莱语、希腊语和拉丁语）之间，而且还在视为两个不同阶段或时期的同种语言之间”[④]。翻译存在不同的方式，翻译的概念语境转换之后，概念的内涵与外延发生了变化。因此，翻译须理解，理解须重建。

---

① 《梁宗岱文集》(Ⅱ)，北京：中央编译出版社，2003年，第110页。

② 《梁宗岱文集》(Ⅱ)，北京：中央编译出版社，2003年，第115页。

③ 《梁宗岱文集》(Ⅱ)，北京：中央编译出版社，2003年，第115页。

④ ［美］阿拉斯戴尔·麦金太尔:《谁之正义？何种合理性?》，万俊人、吴海针、王今一译，北京：当代中国出版社，1996年，第486页。

二、Sublime翻译的论争

朱光潜依据中国文化传统创造出刚性美与柔性美两个概念，并运用中西概念对举与沟通的方法论述这两个概念。朱光潜以尼采的艺术理论阐明两种美："刚性美是动的，柔性美是静的。动如醉，静如梦。"[①]梁宗岱大致赞同朱光潜对于美的区分，也区分了两种不同的美：一种是外在的，一种是内在的；一种是动态的，一种是静态的。

朱光潜探讨了"雄伟"的来源，强调概念的学理传统，并联系康德的审美理论阐明何谓"雄伟"和"秀美"。朱光潜认为，康德的早期论文《论秀美与雄伟的感觉》只列举了事实，《判断力批判》则在学理上探讨了"秀美"与"雄伟"。梁宗岱坚持类似的观点，认识到康德美学理论的内在发展。朱光潜注重学理的探讨，梁宗岱关注经验的证明。朱光潜说："在这部书里他仍然把'雄伟'和'秀美'对举，关于'雄伟"的文字占了全书二分之一。他以为'雄伟'的特征为'绝对大'。一切东西和它相比都显得渺小的就是'雄伟'。'雄伟'有两种，一种是'数量的"，其大在体积，例如高山；一种是'精力的'，其大在精神气魄，在不受外物的阻挠，在能胜过一切障碍，例如狂风暴雨（我们的译名中"伟"字可以括尽康德的"数量的sublime"的意义，"雄"字可以括尽"精力的sublime"的意义）。我们对着'雄伟'事物时，心里都觉到一种'霎时的抗拒'，仿佛自己不能抵挡这么浩大的力量。这是'雄伟'所以异于'秀美'的，'秀美'所生的情感始终是愉快，'雄伟'所生的情感却微含几分不愉快的成分。"[②]朱光潜以"雄伟"概念述评康德崇高学说，按照《判断力批判》的理路展开论证。朱光潜指出，"秀美"产生愉悦之情，"雄伟"产生的情感则"微含"不快之意。这种

① 《朱光潜全集》(第一卷)，合肥：安徽教育出版社，1987年，第421页。
② 《朱光潜全集》(第一卷)，合肥：安徽教育出版社，1987年，第424-425页。

论断是恰当的。康德说："崇高者的情感的质就是：它是在一个对象上关于审美评判能力的一种不快的情感，这种不快在其中毕竟同时被表现为合目的的；这之所以可能，乃是由于这种特有的无能揭示出同一个主体的不受限制的能力的意识，而心灵惟有通过前者才能对后者作出审美的评判。"①

朱光潜论证了"雄伟"批评的有效性，认识到崇高与道德之间的关联。"照这样看，'雄伟'之所以为'雄伟'，不仅在体积而尤在精神。高山大河的'雄伟'在体积，屠格涅夫的麻雀的'雄伟'在精神，前者是康德所说的'数量的雄伟'，后者是康德所说的'精力的雄伟'。康德讨论'雄伟'，举例大半取自然界事物，后人颇疑其主张自然之外无'雄伟'，以为他没有注意到道德和艺术的'雄伟'，其实这大半可以包在'精力的雄伟'里面。康德在《实践理性批判》里本来说过：'世间有两件东西，你愈默想它们，愈体验它们，它们愈使你惊羡敬仰：一个是在我们上面的繁星灿然的天空，一个是在我们心里面的道德律。'这就是显然承认后人所谓'道德的雄伟'了。有时一件事物可以同时见出上面所说的两种'雄伟'。"②朱光潜联系康德的道德学说来探讨"雄伟"，说明他的理解非常到位。因为"雄伟"的基本内核是精神情感，是道德精神，"道德的雄伟"是康德崇高理论的归宿。"崇高情感源于我们自身，因为我们判断的对象唤醒我们的理性能力和超感官世界的理性概念。崇高绝不能被看作感官对象的一种特征。理性的诸概念（诸理念）是心灵的产物，不属于任何自然对象。"③康德认为，崇高在我们生命中激发出一种精神情感——对于纯粹的美的鉴赏，"秀美"之情不涉及道德情感，它只是一种生命情感。

朱光潜以中国审美理论审视西方美学理论，在美的区分以及概念的阐释上坚持中学为体，以西方美学概念对应中国美学概念，以西方美学传统对照中国美学传统，因此，西方美学概念成为中国美学概念的注脚。

梁宗岱也认识到崇高与道德之间的关系，但他没有局限在康德美学之

---

① 李秋零主编：《康德著作全集》（第5卷），北京：中国人民大学出版社，2007年，第269页。

② 《朱光潜全集》（第一卷），合肥：安徽教育出版社，1987年，第427–428页。

③ H. W. Cassirer, *A Commentary on Kant's Critique of Judgment*, London: Methuen & Co. Ltd., 1938, p.222.

中，而是将崇高与智慧之力关联起来。梁宗岱认为，崇高的一个特征就是“不能至”或“不可企及的”。

“屠格涅夫底麻雀，那受了爱底驱使奋不顾身要从猎犬口里救出它底小雏的渺小的麻雀，已经很动人地证明德行底力——一切发自高贵和真挚的情感的行为底力——和数量比体力更无大关系了。

“可是在体力以外，在德行以外，还有一种力，它底渊源，它底中心是在智慧深处的。它底原素是观察底深入，理解底透澈，分析底精微和论理底谨严；它底目的是接受者底领会，了悟，和领会与了悟后的诚心悦服。要感受这种力底崇高便不能单靠我们底感官，单靠我们底直觉；我们得要运用我们底心灵，一步步循着思想底步骤，智慧的途径，仰之弥高，钻之弥深。如果宇宙间真有不可测量的东西，除了时间与空间外，恐怕就只有这种我们可以称之为智慧底力的了。”①

梁宗岱所论的崇高与西方美学中的崇高存在巨大的差异，在西方，大概倾慕“高贵的单纯，静穆的伟大”的古希腊艺术；在中国，或许推崇禅境与意境融合的诗歌。梁宗岱以中国古诗诠释崇高，说明崇高蕴含古典的意蕴，他诠释的崇高概念看似变成了一个古典的修辞学概念。

三、Sublime的诠释限度

朱光潜翻译的“秀美”与“雄伟”是不是中国传统美学的“阴柔之美”与“阳刚之美”呢？梁宗岱的“崇高”相当于我国文艺批评所用的“神”字或“绝”字，这种比附恰当吗？阳刚之美是一种雄伟壮阔、刚健有力的美，而阴柔之美则是一种柔和悠远、温婉幽深的美。康德指出，关于美，我们必须寻求一个外在于我们自身的根据；对于崇高，必须在我们自身之中寻求。卡西尔说：“如今很容易理解，康德为什么认为我们称对象为崇高

① 《梁宗岱文集》(II)，北京：中央编译出版社，2003年，第119-120页。

的判断诉诸一种特定的合目的性观念。在与判断主体心灵的关系中，崇高对象是合目的的，使判断主体在想象力和理性之间产生一种不确定的关系。这种归于对象的目的是一种纯粹主观的目的。”[①]虽然美与崇高的判断属于审美判断，但是美与崇高不是两种美，而“阴柔之美”与“阳刚之美”是两种不同类型的美。中国与西方的审美范畴不能进行简单的比附，因此，朱光潜与梁宗岱的比附是有问题的。崇高成为“美底绝境”，在西学中理路不通。朱光潜注重学理的探讨，强调学理的通透。梁宗岱强调想象的深度，重视崇高的经验，他解读康德的崇高，书生意气，主观性更强，运用中国美学范畴诠释西方美学概念，远离了西方美学的崇高传统。

朱光潜认识到美与崇高的区别，但并没有进行学理的解释。朱光潜说：“所以康德派美学往往拿‘雄伟’和‘美’对举，不把‘雄伟’当作一种美。黑格尔则以为形式不称精神，精神不就范于形式而泛滥横流，才有‘雄伟’。其实美有难易，‘雄伟’是美之难者，因为它不象平易的美只容纳一些性质相同的单调的成分。它不惟容纳美，还要驯服丑，它要把美的和丑的同纳在一个炉子里面去锤炼。”[②]朱光潜想“调和折中”，本不是一种美的“雄伟”，也成为“美之难者”。

“崇高”的出场预示了中国现代美学的一个重要转向。王国维、朱光潜、梁宗岱结合中国传统美学范畴，比如“壮美”“刚性美”“宏壮”“神”“绝”等等，翻译与诠释Sublime，这种翻译与诠释具有古典意味。

中国近代学者大多认同康德对于审美判断的区分，然而，他们往往不从先验观点出发理解与诠释康德的崇高学说，而是对崇高学说进行经验的诠释，这或许是因为忽视了康德先验美学的前提，因此，中国学者对于同一个概念的翻译与诠释也不统一。正如厄尔·迈纳所言：“无论怎样，同研究一定的诗歌和诗人一样，研究诗学，如果仅仅局限于一种文化传统，无论其多复杂、微妙和丰富都只是对单一的某一概念世界的考察。考察他种诗学体系本质上就是要探究完全不同的概念世界，对文学的各种可能性作

---

① H. W. Cassirer, *A Commentary on Kant's Critique of Judgment*, London: Methuen & Co. Ltd., 1938, p.237.

② 《朱光潜全集》(第一卷)，合肥：安徽教育出版社，1987年，第431页。

出充分的探讨，作这样的比较是为了确立那些众多的诗学世界的原则和联系。”[①]关于Sublime翻译的论争，具有一种美学的理论自觉和本土文化立场。朱光潜与梁宗岱的“崇高”之论争呈现出中国现代美学理论建构的中西视野和思想资源，给予我们诸多启示。

① ［美］厄尔·迈纳:《比较诗学》，王宇根、宋伟杰等译，北京：中央编译出版社，1998年，第7页。

第十四章　美的变相

一、美的定义

在西方美学史中，基于不同的哲学理论，主要有两种美的定义：一种是经验论上的美，以博克美学为代表；另一种是观念论上的美，以康德美学为代表。这两种美的定义对中国学者影响至深，中国学者存在不同的选择性接受。

博克认为，美感与人类社会生活的情欲相关，这些情欲分为“同情”、“模仿”与“竞争心”。博克批判了美学史中流行的三种美的观念，一是美与比例的关系。博克认为这种美的观念没有根据，因为任何比例都与数学有关，是数学研究的对象，与理性相关，而美与感性相关。二是美的合适性观点，即认为美本身在于某一部分适合于它的目的。博克认为，日常生活经验的实例足以反驳美的合适性。三是美与圆满的关系。博克批驳了这种观念，认为这种美与圆满的关系不符合事实。博克的批判并不意味着完全抛弃了传统的美的定义，他指出了这些美的观念的理论价值。博克重新定义了美，美是指物体中能引起爱或类似的情感的某些品质，这些品质并不是理性的结果，而是感性的。美以快感为基础，美的对象比较小巧；美必须是柔滑、明亮的；美必须避开直线条，而且必须缓慢地偏离直线条；美必须不是朦胧的；美必须是娇弱的。美的这些表现特征与崇高的表现特征区别开来。[①]博克的美的定义建立在经验论哲学基础之上。

① Edmund Burke, *A Philosophical Enquiry into the Origin of Our Ideas of the Sublime and Beautiful*, edited with an introduction and notes by James T. Boulton, London：Routledge and Kegan Paul, 1958, p.124.

康德的美的定义基于先验观念论，他批判了经验主义美学中的美的观念和博克的美学思想。康德说："人们也可以把对审美判断现在详细阐述过的先验说明与诸如博克和我们中间许多思想敏锐之士曾探讨过的生理学说明比较一番，以便看出一种纯然经验性的说明会导向何处。博克在这种探讨方式中堪称最优秀的作者……于是，他通过想象力不仅与知性相结合，而且甚至与感官感觉相结合而能够在我们心中激起美者以及崇高者的情感的那些场合，来证实这种解释方式。——作为心理学的说明，对我们的心灵现象的这些分析是绝对出色的，并且给最受欢迎的经验性人类学研究提供了丰富的素材。"①康德肯定了博克对美的定义的探讨方式，但是康德彻底改变了博克经验论哲学的基础，使之建立在批判哲学地基之上。

康德从四个契机分析美，只是分析顺序有所调整，质的契机放在首位，成为最重要的方面。乔治·迪基认为，康德区分审美判断理论的四个契机，分别对应不同的关键性概念：无利害性、普遍性、必然性、合目的的形式。康德的审美理论可以归结为一句话：美的判断是一种无利害的、普遍的与必然的判断，这种判断关系到每个人从合目的的形式经验中获得愉悦。②

二、美的理想

王国维在《论教育之宗旨》一文中提出"四育"：智育、德育、美育、体育，他以康德与叔本华美学思想论证美育的独立。"德育与智育之必要，人人知之，至于美育有不得不一言者。盖人心之动，无不束缚于一己之利害；独美之为物，使人忘一己之利害而入高尚纯洁之域，此最纯粹之快乐也。"③康德区分了美的愉悦、适意的愉悦与善的愉悦，"人们可以说：在愉悦的所有这三种方式中，惟有对美者的鉴赏的愉悦才是一种没有兴趣的和

① 李秋零主编：《康德著作全集》（第5卷），北京：中国人民大学出版社，2007年，第288–289页。

② George Dickie, *Introduction to Aesthetics*, Oxford: Oxford University Press, 1997, p.22.

③ 佛雏校辑：《王国维哲学美学论文辑佚》，上海：华东师范大学出版社，1993年，第252页。

自由的愉悦；因为没有任何兴趣，既没有感官的兴趣也没有理性的兴趣，来强迫作出赞许”[①]。美的愉悦是“最纯粹之快乐”。

王国维在《孔子之美育主义》一文中说：“美之为物，不关于吾人之利害者也。吾人观美时，亦不知有一己之利害。德意志之大哲人汗德，以美之快乐为不关利害之快乐（Disinterested Pleasure）。至叔本华而分析观美之状态为二原质：（一）被观之对象，非特别之物，而此物之种类之形式；（二）观者之意识，非特别之我，而纯粹无欲之我也。”[②]王国维强调，无利害性是美的质的规定性。美的快乐是不涉及任何利害的快乐，是自由的愉悦，此乃优美之感情。王国维论道：“又谓审美之境界乃不关利害之境界，故气质之欲灭，而道德之欲得由之以生。故审美之境界乃物质之境界与道德之境界之津梁也。于物质之境界中，人受制于天然之势力；于审美之境界则远离之；于道德之境界则统御之。”[③]

王国维结合孔子“吾与点也”的感叹，将儒家审美理想与德国观念论美学关联起来。王国维说：“邵子所谓‘反观’者非欤？叔本华所谓‘无欲之我’、希尔列尔所谓‘美丽之心’者非欤？此时之境界：无希望，无恐怖，无内界之争斗，无利无害，无人无我，不随绳墨而自合于道德之法则。一人如此，则优入圣域；社会如此，则成华胥之国。孔子所谓‘安而行之’，与希尔列尔所谓‘乐于守道德之法则’者，舍美育无由矣。”[④]徐复观评论“曾点之志”说：“一个人的精神，沉浸消解于最高艺术境界之中时，也是‘物我合一’，‘物我两忘’，可以用‘人欲尽处，天理流行，随处充满，无稍欠缺’这类的话去加以描述。”[⑤]徐复观肯定了无利害的审美精神与实践道德精神。

① 李秋零主编：《康德著作全集》（第5卷），北京：中国人民大学出版社，2007年，第217页。
② 周锡山编校：《王国维集》（第四册），北京：中国社会科学出版社，2008年，第3页。
③ 佛雏校辑：《王国维哲学美学论文辑佚》，上海：华东师范大学出版社，1993年，第255–256页。
④ 佛雏校辑：《王国维哲学美学论文辑佚》，上海：华东师范大学出版社，1993年，第257页。
⑤ 徐复观：《中国艺术精神》，上海：华东师范大学出版社，2001年，第11–12页。

三、美的分析

蔡元培在《康德美学述》一文中简述了康德的美的分析。从质上说，蔡元培简括为“超逸”。美的判断为一种愉悦，并没有任何实利关系。“种种物体，各凭其性质而有以满足吾人之需要，若仅即形式而言之，于吾人种种之需要，均无自而满足也。而赏鉴之者，乃别有一种满足之感，是谓美感。而其所赏鉴者，谓之优美。”①

从量上说，蔡元培称之为“普遍”。“然则美感者，非差别而普遍，非专己主义而世界主义也，故人举一对象以表示其优美之感者，不曰是于我为优美，而曰是为优美，是即含有普及人人之意义焉。”②从关系上，蔡元培以“有则”言说。“纯粹之美感专对于形式，而无关于体质。一切接触于感觉神经之原素皆不得而参入，轶出于经验之范围，而不准以概念，故不能有鹄的，且亦不能由所谓依的作用之表象。然而既有形式，则自有一种依的作用之状态。有依的作用之状态而无有鹄的，此美感之特性也。”③蔡元培论道：“包吾介登之美学，即本此主义而建设者。至康德，始立区别于玄学、美学之间，而以不关概念为美感之说。于是依的作用不失为美感之一特性，而要必以无鹄的之概念为界焉。”④

至于模态，蔡元培以“必然”论说。“有论理之必然性，是属于理论概念者。有道德之必然性，是属于实践之概念者。两者皆丽于客观也。美感者，既非有认识真理之要求，亦非循实践理性之命令，而特为纯粹之赏鉴，且超然于客观概念之外，是主观之必然性也。”⑤蔡元培区分了逻辑的必然

---

① 高平叔编：《蔡元培全集》(第二卷)，北京：中华书局，1984年，第499页。
② 高平叔编：《蔡元培全集》(第二卷)，北京：中华书局，1984年，第500页。
③ 高平叔编：《蔡元培全集》(第二卷)，北京：中华书局，1984年，第502页。
④ 高平叔编：《蔡元培全集》(第二卷)，北京：中华书局，1984年，第502页。
⑤ 高平叔编：《蔡元培全集》(第二卷)，北京：中华书局，1984年，第503页。

性与道德的必然性，认为这两种必然性都是客观的必然性，而审美的必然性是主观的必然性。蔡元培总括康德的美的分析：“于是合四者而言之，美者，循超逸之快感，为普遍之断定，无鹄的而有则，无概念而必然者也。”①美是无目的的合目的、不涉及概念的普遍必然的无利害的愉悦。蔡元培对康德论美的判断阐述较为全面，学理上契合康德的美的分析。

四、美的积淀

李泽厚化用西方美学概念，同时创造了诸多美学概念，诠释中国美学的历史，建构主体性实践美学。李泽厚运用“实践理性”来诠释中国美学。在康德批判哲学中，实践理性与理论理性相对，实践理性是一种先天的高级认识能力。在《美的历程》中，实践理性不再是先天的认识能力，而是一种心理能力。李泽厚说：“所谓‘实践理性’，是说把理性引导和贯彻在日常现实世间生活、伦常感情和政治观念中，而不作抽象的玄思。”②

李泽厚为了避免引起误解，后来用“实用理性”代替了“实践理性”。“‘实用理性’就如同‘积淀’和‘文化心理结构’一样，并不是一个封闭的概念。它们都不是指某些一成不变的模式或形式，而是指一个活生生的过程中的结构原则或创造原则。它们指的是文化在人的心理中所发挥的作用和与个体相冲突和交融的历程。人的心理不是死东西，如桌椅板凳那样，它本身乃是一个不断展开、不断向前推进的过程。因此，无论是积淀还是文化心理结构（formation）都是一些活生生的过程。说‘塑形’（shaping）和‘形成’（forming）可能更准确一些，或许需要用一个新词‘积淀过程’（sedimentating）来取代‘积淀’（sedimentation）一词。”③无论是“实用理性”还是“积淀”，都强调了过程性和生成性。

① 高平叔编：《蔡元培全集》（第二卷），北京：中华书局，1984年，第503页。
② 李泽厚：《美的历程》，北京：文物出版社，1981年，第50页。
③ 李泽厚：《实用理性与乐感文化》，北京：生活·读书·新知三联书店，2008年，第250页。

李泽厚认为美和审美在对象和主体两方面具有共同特点，“这个共同特点便是积淀：内容积淀为形式，想象、观念积淀为感受”[①]。李泽厚说：“美之所以不是一般的形式，而是所谓‘有意味的形式’，正在于它是积淀了社会内容的自然形式。所以，美在形式而不即是形式。离开形式（自然形体）固然没有美，而只有形式（自然形体）也不成其为美。”[②]李泽厚在《美学四讲》中区分了狭义的积淀和广义的积淀，认为艺术作品有三种层次，积淀了三种不同形式，“举其大端，则可简括为，原始积淀是审美，艺术积淀是形式，生活积淀是艺术”[③]。李泽厚创造了“积淀”概念，这一概念融合了贝尔的“有意味的形式”以及康德诸家的美学观念，“Kant所说审美具有的‘无概念’、‘非功利’、‘非目的性’而为人类所‘共有’，我以为正是描述这一区别的特征所在，至今仍然适用”[④]。

李泽厚说：“积淀既由历史化为心理，由理性化为感性，由社会化为个体，从而，这公共性的、普遍性的积淀如何落实在个体的独特存在而实现，自我的独一无二的感性存在如何与这共有的积淀配置，便具有极大的差异。”[⑤]“积淀”成为人类学本体论的一个重要概念，“‘自然向人生成’，是个深刻的哲学课题，这个问题又正是美学的本质所在。自然与人的对立统一的关系，历史地积淀在审美心理现象中”[⑥]。

中国学者依据不同的理论诠释美，有的重在学理阐说，我注六经，照着讲；有的六经注我，为我所用，自己讲；有的中西对举，融合会通，以中释西，对着讲；有的化合中西，转化创造，接着讲。美因为不同的诠释而产生诸多变相。

---

① 李泽厚：《美的历程》，北京：文物出版社，1981年，第18–19页。

② 李泽厚：《美的历程》，北京：文物出版社，1981年，第25页。

③ 李泽厚：《华夏美学·美学四讲》（增订本），北京：生活·读书·新知三联书店，2008年，第406页。

④ 李泽厚：《华夏美学·美学四讲》（增订本），北京：生活·读书·新知三联书店，2008年，第415–416页。

⑤ 李泽厚：《华夏美学·美学四讲》（增订本），北京：生活·读书·新知三联书店，2008年，第406页。

⑥ 李泽厚：《批判哲学的批判——康德述评》（修订本），北京：人民出版社，1984年，第406页。

第十五章　审美态度的中国化

一、审美态度的理论基础

康德的《判断力批判》论证了趣味判断的主观性和无利害性，成为西方近代美学的转折点。斯托尔尼兹指出："除非我们能理解'无利害性'这个概念，否则我们就无法理解现代美学理论。假如有一种信念是现代思想的共同特质，它也就是：某种注意方式对美的事物的特殊知觉方式来说，是不可缺少的。在康德、叔本华、克罗齐、柏格森那里都可以遇到这种情况。在那些坚决反对审美无利害性这个命题的马克思主义者那里，则显示出这一信条是怎样变得更为牢固了。"[①]审美无利害性成为审美态度学说的质的规定性。

纯粹审美判断不涉及任何利害，美是唯一自由的愉悦，如果判断与利害相关，那么要么是感官审美判断，要么是道德判断。前者产生快适中的愉悦，即感官的快乐；后者产生道德中的愉悦，关系到高级的利害。"对于'无利害性'，康德设法展示了一种审美判断，这种审美判断不是基于对象存在的愉悦，而是满足于一种可能性，即一个没有确定概念的事物具有对象的形式，因此满足了可认知性的最低条件，即再现性。在审美判断的广阔领域中，基于无利害性的愉悦的判断构成了一个判断领域，它不像感官审美判断那样是私人的和不可传达的，但也不像道德判断那样具有普遍性，因为它不依赖于预先存在的和普遍共享的善的概念。在审美判断的一般领

① ［美］杰罗姆·斯托尔尼兹：《"审美无利害性"的起源》，中国社会科学院哲学研究所美学研究室编：《美学译文》(3)，北京：中国社会科学出版社，1984年，第17页。

域内，‘无利害性’是一个特定领域判断的标志，它可以宣称普遍性，而不涉及任何预先给定的概念，因为无利害的愉悦源于发现所考虑的对象具有形式，更准确地说，只是对象的纯形式，而不是没有形式（在这种情况下，对象会拒绝表象）。”[①]康德区分了三种愉悦，无利害性奠定了审美愉悦的基础。

在肯定方面，无利害的静观是审美态度的重要特征，这成为区分审美态度与其他态度的尺度。中国学者反省绝对化的审美态度理论，发现审美静观的局限性。在否定方面，美的态度既不是科学的认识态度，也不是伦理的态度。从知识发生学上看，审美态度与审美无利害性直接关联起来。梁实秋在《文学的美》中有这样的评论："克鲁契是继承康德、希勒、黑格尔、尼采一班唯心主义者的哲学家，他认为艺术是直觉，美当然也不能在物质的媒介物（如颜色声音文字之类）里面去寻找。"[②]梁实秋认识到克罗齐美学与德国观念论美学的内在关系。

二、审美态度中国化的变异

审美态度成为中国现代美学的议题，这足以说明审美态度的重要性。朱光潜以古松为例，区分了实用态度、科学态度与美感态度。美感态度的最大特点是凝神的观照与意象的"孤立绝缘"。欣赏者以审美态度观照古松，直观到一个活脱脱的生命形象，感受到一种生命意趣。"凡是不能持冷静的客观的态度的人，毛病都在把‘我’看得太大。他们从‘我’这一副着色的望远镜里看世界，一切事物于是都失去它们本来的面目。所谓冷静的客观的态度，就是丢开这副望远镜，让‘我’跳到圈子以外，不当作世界里有‘我’而去看世界，还是把‘我’与类似‘我’的一切东西同样看待。

① Rodolphe Gasché，*The Idea of Form*：*Rethinking Kant's Aesthetics*，Stanford：Stanford University Press，2003，p.156.

② 《梁实秋文集》（第一卷），厦门：鹭江出版社，2002年，第498页。

这是文艺的观世法，这也是我所学得的观世法。”[①]“冷静的客观的态度”就是一种审美态度。

审美态度与审美距离密切相关，审美距离是强化的审美态度。朱光潜认为，美的事物需要与实际生活之间保持适当的距离，“我说‘距离’时总不忘冠上‘适当的’三个字，这是要注意的。‘距离’可以太过，可以不及。艺术一方面要能使人从实际生活牵绊中解放出来，一方面也要使人能了解，能欣赏，‘距离’不及，容易使人回到实用世界，距离太远，又容易使人无法了解欣赏”[②]。朱光潜强调，主体须在艺术对象与现实人生之间把握一个适当的距离，否则，审美经验就不会发生，这存在一个“度”的问题。“适当的”只是一种理论假设，在艺术欣赏中几乎很难做到。

朱光潜区分了美感的价值与伦理的价值：从狭义上说，伦理的价值是“实用的”，美感的价值是“超实用的”；伦理的活动都是“有所为而为”，美感的活动则是“无所为而为”。从广义上讲，善就是一种美，恶就是一种丑。朱光潜认为，“至高的善”就是一种美，最高的伦理的活动就是一种艺术的活动，而“至高的善”在“无所为而为的玩索”（disinterested contemplation）。对于disinterested contemplation，朱光潜的翻译具有道家的意味，这区别于宗白华翻译的“无利害的静观”。朱光潜说：“在西方哲人想，神只是一片精灵，他的活动绝对自由而不受限制，至于人则为肉体的需要所限制而不能绝对自由。人愈能脱肉体需求的限制而作自由活动，则离神亦愈近。‘无所为而为的玩索’是唯一的自由活动，所以成为最上的理想。”[③]“无所为而为的玩索”也可以说是审美的自由活动，呈现出艺术的审美价值。

宗白华在《美学》讲稿中区分了实用的态度、研究的态度与审美的态度（客观的态度），指出审美的态度（客观的态度）“此种态度，乃审美条件之一（审美条件尚多），绝无占有的、利害计算的、研究的、解剖的各种

① 《朱光潜全集》（第三卷），合肥：安徽教育出版社，1987年，第343-344页。
② 《朱光潜全集》（第二卷），合肥：安徽教育出版社，1987年，第17-18页。
③ 《朱光潜全集》（第二卷），合肥：安徽教育出版社，1987年，第95页。

观念，必须如此才可审美”[1]。中国学者强调审美态度的纯粹性，他们分析的思路与康德极其相似，不过，他们认为审美态度还是一种人生态度，不具有先验特征。每个人都“同时”具有实用的、科学的、审美的态度，一旦主体设定了某种态度，其他态度相应地被消解。朱光潜谈论审美态度，重在学理阐发；宗白华则重在运用，思考如何运用审美态度欣赏中国艺术。

范寿康述评了闵斯德倍克的孤立与分离说，他肯定了孤立与分离在审美静观中的重要作用，批评闵斯德倍克将审美主体与审美对象割裂开来。范寿康指出：“他所谓孤立与分离实与我们以解决的暗示，这决不能否认的。他以为在美的享乐中对象的孤立与主观的分离为其成立的条件，而主观就静止在这对象之内。他的难点，实在于静止二字。”[2]范寿康在《美学概论》中提出“美的观照”说，他认为美的观照就是“否定与凝集”，审美无利害性在本质上规定了“美的观照”。范寿康还区分了“观照对象”与“观照”，观照对象“不是把静止的自我与生动的对象世界使之对立的意思，乃是使自我与对象协同生动，使自我应着对象的要求自由自在地协同活动的意思”[3]，不是美的“形式”，而是美的“内容”。范寿康强调的不是“移情”而是移“生命”。

三、审美态度的理论效果

中国学者用中国传统的审美经验方式修正“静观”理论，他们体认和尊重中国的艺术传统，这种审美观念表明了他们对于传统艺术的态度。他们既没有因为热爱传统文化而故步自封，也没有因为接受西学而因噎废食。与其说中国学者“碰上”了康德、克罗齐诸家，倒不如说他们在“寻找”新的美学范式。

① 《宗白华全集》(第一卷)，合肥：安徽教育出版社，1994年，第437页。
② 范寿康:《艺术之本质》，上海：商务印书馆，1930年，第9页。
③ 范寿康编辑:《美学概论》，上海：商务印书馆，1927年，第200页。

中国学者以“移情说”补充与完善“静观”理论，他们结合中国文化与思想，将西方美学理论中国化。中国学者接受西学有两种方式：一是模仿与照搬；二是创造性转化。模仿是学西方文化的皮毛；创造性转化是消化与吸收西方文化理论的精华，化作建构中国美学理论的血液。中国学者无疑是后者的典范，在接受西方文化过程中，改变传统的思想观念和思维方式，创造出新的美学范式。

中国学者将审美态度看作现代美学的一个核心观念，以之改变中国传统的审美方式。他们没有重构审美态度理论的意图，只是在运用过程中，产生了与西方不同的东西。他们规避了西方形而上学的思维方法，而是将这一理论中国化和经验化了。

不管是朱光潜的“文艺的观世法”，还是宗白华的“静照”，或是范寿康的“美的观照”，种种论说皆强调了审美态度理论的重要性，审美无利害性是审美态度的质的规定性。如果一种经验是自律的，它就是审美的；如果是他律的，它就是非审美的。对于Disinterestedness一词，王国维解释为“可爱玩而不可利用”，朱光潜解释为颇具道家意味的“无所为而为的玩索”，宗白华理解为“唯美的眼光”或者“无所为而为”，范寿康解释为“艺术观照的态度”。审美态度的种种阐释都是理论上的阐发与修正，不同的阐释为艺术鉴赏提供了不同的审美方式。

第十六章 美育代宗教说的探析

一、美育代宗教说的缘起

作为美育代宗教说的肇端，蔡元培在《对于教育方针之意见》中曾有这样的反问：教育家何以不结合于宗教，而必以现象世界之幸福为作用？蔡元培认为，哲学是不宜代替宗教的，哲学的进步有助于破除宗教信仰，但是哲学的对象是现象世界以内的事情。蔡元培关注的是教育问题而不是哲学问题。宗教虽以观念为对象，但同样不能超脱现象世界的利害关系和人我之见，而唯有美育能把人们从现象世界的强制引向实体世界的自由。

蔡元培从历史和现实两个维度论证了美育代宗教。从美术发展史上看，蔡元培认识到艺术有脱离宗教的趋势，批判了"美育附丽于宗教论"，美育附丽宗教之后常常刺激教徒的宗教感情。怀特海说："宗教性的教育是这样一种教育：它谆谆教导受教育者要有责任感和崇敬感。责任来自于我们对事物发展过程具有的潜在控制。当可习得的知识能够改变结局时，愚昧无知便成为罪恶。而崇敬是基于这样的认识：现在本身就包含着全部的存在，那漫长完整的时间，它属于永恒。"①蔡元培区分了美育与宗教教育，他批判宗教教育，将美育从宗教剥离出来时，也没有忽视宗教中美育的不纯粹性。在《以美育代宗教》一文中，蔡元培认为美育代宗教有三种根据：美育是自由的，宗教是强制的；美育是进步的，而宗教是保守的；美育是普及的，而宗教是有界的。这种二元的区分契合那个时代的需要，但美育代宗教的

① ［英］怀特海：《教育的目的》，徐汝舟译，北京：生活·读书·新知三联书店，2002年，第26页。

根据并不是自明的。美育代宗教说的提出也表明蔡元培摆脱了康德美学对他思想的限制，因为在《实践理性批判》中，康德以实践理性来保证价值世界的存在。康德既承认人受经验世界一切规律的支配，又规划出一个自主的价值世界。

在《以美育代宗教》一文中，蔡元培提倡研究宗教的“客观态度”，批评研究宗教的主观态度。蔡元培在晚年依然坚持“以美育代宗教”的主张，1938年，他在《〈居友学说评论〉序》中说：“余在二十年前，发表过‘以美育代宗教’一种主张，本欲专著一书，证成此议，所预拟的条目有五：（一）推寻宗教所自出的神话；（二）论宗教全盛时期，包办智育、德育与美育；（三）论哲学，科学发展以后，宗教对于智育、德育两方面逐渐减缩以至于全无势力，而其所把持、所利用的，惟有美育；（四）论附宗教的美育，渐受哲学、科学的影响而演进为独立的美育；（五）论独立的美育，宜取宗教而代之。此五条目，时往来了余心，而人事牵制，历二十年之久而尚未成书，真是憾事。”[①]蔡元培的提纲勾勒了历史进程中宗教与美育之间的复杂关系：宗教与美育的统一，宗教与美育的分离，宗教与美育的对立和替代。正如怀特海所言：“人类的生活建立在技术、科学、艺术和宗教上，而技术、科学、艺术和宗教是互相联系的，它们来自于人类的智慧。但是，在科学和技术之间，同样，在艺术和宗教之间，却有着特殊的密切关系。”[②]蔡元培在西方艺术历程中阐发了艺术与宗教之间密切甚至复杂的关系。如果说蔡元培以康德美学为理论根据，论证美感教育的主张，那么美育代宗教说则是蔡元培的创造性观念，具有现实的实践指向。

① 高平叔编：《蔡元培美育论集》，长沙：湖南教育出版社，1987年，第310页。

② ［英］怀特海：《教育的目的》，徐汝舟译，北京：生活·读书·新知三联书店，2002年，第128页。

二、美育代宗教说的效应

美育代宗教说在艺术界产生了深远的思想效应，中国现代艺术家对此有积极的回应。林风眠指出：“宗教只能适合于某时代，人类理性发达后，宗教自身实根本破产。某时代附属于宗教之艺术，起而替代宗教，实是自然的一种倾向。蔡元培先生所论以美育代宗教说，实是一种事实。”①林风眠还在《致全国艺术界书》一文中提出“艺术代宗教”的主张。潘天寿对美育代宗教的理解具有代表性：“艺术原为安慰人类精神的至剂，其程度愈高，其意义愈深，其效能亦愈宏大。艺术以最纯静的，至高、至深、至优美、至奥妙的美之情趣，引人入胜地引导人类之品性道德达到最高点，而入艺术极乐之天国。蔡孑民先生主张以美育代宗教，亦就是这个意思。”②美育代宗教说契合中国现代艺术家追求艺术独立的现实要求，得到中国现代艺术家的认同。

许地山肯定了蔡元培的美育代宗教说，认为这是蔡元培对于信仰的态度，蔡元培相信他所认识的真理与原则。“蔡先生是个高超的理想家，同时又是个坦白的实践家，他底学问只这一点，便可以使景仰他底人们，终生应用。世间没有比这样更伟大、更恒久的学问。”③许地山从信仰的角度见出蔡元培学问的两层境界，蔡元培对学问本身的信仰就足以证明他是一个真正的学者，以出世的精神做入世的事业。倡导美育的坚定态度、始终如一的精神，就是蔡元培的教育信念。蔡元培提倡“以美育代宗教”，投射出他对美育的信念。恩斯特·卡西勒说：“启蒙运动最强有力的精神力量不在于

---

① 朱朴编著：《现代美术家画论·作品·生平：林风眠》，上海：学林出版社，1996年，第6页。

② 《潘天寿谈艺录》，杭州：浙江人民美术出版社，1985年，第3页。

③ 许地山：《蔡孑民先生底著述》，载蔡建国编《蔡元培先生纪念集》，北京：中华书局，1984年，第74页。

它摈弃信仰，而在于它宣告的新信仰形式，在于它包含的新宗教形式。”[①]美育就是蔡元培的新信仰。

当然，美育代宗教的主张难以涵摄一个时代的精神，何况对美育代宗教进行学理的论证也是困难的。在知识阶层崇尚科学的背景下，宗教与科学相对立；中国现代学者进行思想革命，同时也渴望精神有安身立命之所。因此，在学术界，响应美育代宗教说者很少。

王国维在《汗德之伦理学及宗教论》中述评了康德的宗教观，认为真正的宗教必然与道德合一，是存在于由道德构成的理性限度中的宗教。“夫说道德者自不得不导入宗教。何则？最高之善乃道德上必然之理想，而此理想，唯由上帝之观念，决不能为道德之动机故也。故从汗德之意，真正之宗教在视吾人一切义务为上帝之命令。”[②]王国维认识到宗教的情感功能，宗教与美术成了救世良药，“前者适于下流社会，后者适于上等社会；前者所以鼓国民之希望，后者所以供国民之慰藉。兹二者，尤我国今日所最缺乏，亦其所最需要者也”[③]。

梁启超关心文学的“群治”意义，对佛教抱以极大的希望，他认识到宗教对社会的规范与整合作用，将儒学视为宗教。梁启超重视儒学与佛学的文化价值，结合佛家的“无我”与自由等观念，营造了一个高尚的人生境界。朱光潜指出：“如果纯任理智，则宗教对于生活无意义，因为离开情感，自然没有神奇，而冥感灵通全是迷信。如果纯任理智，则爱对于人生也无意义，因为离开情感，男女的结合只是为着生殖。我们试想生活中无美术，无宗教（我是指宗教的狂热的情感与坚决信仰），无爱情，还有什么意义？”[④]美术、宗教与爱情作用于人的情感，对人生产生意义。希伯来人“深刻的道德感和强烈的宗教感情也使他们不会把灾难和痛苦视为悲剧。信仰使他们脱离那种可以叫做‘悲剧心绪’的精神状态”[⑤]。

① ［德］E.卡西勒：《启蒙哲学》，顾伟铭、杨光仲、郑楚宣译，济南：山东人民出版社，1988年，132页。

② 佛雏校辑：《王国维哲学美学论文辑佚》，上海：华东师范大学出版社，1993年，第170页。

③ 周锡山编校：《王国维文学美学论著集》，太原：北岳文艺出版社，1988年，第48页。

④ 《朱光潜全集》（第一卷），合肥：安徽教育出版社，1987年，第43页。

⑤ 《朱光潜全集》（第二卷），合肥：安徽教育出版社，1987年，第436页。

在宗白华的知识谱系中，禅宗不容忽视，他认为，因欲返本归真，冥合天人而有宗教境界。功利境界主于利，伦理境界主于爱，政治境界主于权，学术境界主于真，宗教境界主于神。学术境界与宗教境界是艺术境界的“左邻”和“右舍”。“禅是动中的极静，也是静中的极动，寂而常照，照而常寂，动静不二，直探生命的本原。禅是中国人接触佛教大乘义后体认到自己心灵的深处而灿烂地发挥到哲学境界与艺术境界。静穆的观照和飞跃的生命，构成艺术的两元，也是构成‘禅’的心灵状态。”①最高的灵境是妙悟的境界，以禅境为归宿。

在现代中国，美育代宗教说几乎没有多少人认同。朱自清在《〈文艺心理学〉序》中道出了美育代宗教说的时代背景以及影响的有限性：“‘美育代宗教说’只是一回讲演；多少年来虽然不时有人提起，但专心致志去提倡的人并没有。本来这时代宗教是在‘打倒’之列了，‘代替’也许说不上了；不过‘美育’总还有它存在的理由。”②

三、审美代宗教说的回应

作为对历史的回应，李泽厚提出审美代宗教说，进而在中国文化传统中做出一个系统的说明，在美与善的关系中诠释这一命题。伦理学所要探究的意志结构是理性的凝聚，在康德那里，这种理性是一种实践理性，实践理性所指向的是一种规范的自由，自由意志的培育需要审美的助力。“我们从主体性实践哲学出发，不把这种选择归因于外在的他律，而重视自律的自由、意志的培养，即人类所长久积累起来而移入心理的理性的凝聚。之所以说‘凝聚’，在于指明它是某种集中起来的纯理性能力。”③道德的动力不能来自宗教，只能靠人性的培养，“这种能超越生死的道德境界的

① 《宗白华全集》(第二卷)，合肥：安徽教育出版社，1994年，第364页。
② 《朱光潜全集》(第一卷)，合肥：安徽教育出版社，1987年，第522页。
③ 李泽厚：《实用理性与乐感文化》，北京：生活·读书·新知三联书店，2008年，第228页。

培育，既不依赖于‘对上帝的供献’或‘与神会通’以获得灵魂的超升和迷狂的欢乐，那么就只有在通由与全人类全宇宙相归属依存的某种目的感（天人合一）中吸取和储备力量。……中国传统是通过审美替代宗教，以建立这种人生最高境界的。正是这个潜在的超道德的审美本体境界，储备了能跨越生死不计利害的道德实现的可能性，这就叫‘以美储善’。”[①]审美代宗教说具有中国文化传统的基因，“以美储善”是其思想内核。正如雅斯贝尔斯所论：“艺术美是最终起决定意义的因素，因为‘美是善的象征’。天才所创造出来的代表作品是无法取代的，因为艺术可以拓展思维方式，通过美的形式而收到群体教育的效果，艺术可以培养超验意识和对道德观念的接受。”[②]

李泽厚的审美代宗教说看似是蔡元培的美育代宗教说的当代延续。审美是美学中的范畴，具有自我实践意味，而美育则处于教育学与美学交叉的边缘位置，审美与美育的外延和内涵不同。李泽厚立足中国文化传统诠释审美代宗教说，这一命题孕育在中国文化母体之中，从中国文化传统中生长出来。蔡元培以西方历史与哲学论证美育代宗教说，站在思想为我所用的立场，不区分中西思想的差异，重在求同；李泽厚基于文化比较立场来审视中西思想史，重在辨别中西文化之间的差异。“中国哲学所追求的人生最高境界，是审美的而非宗教的（审美有不同层次，最普遍的是悦耳悦目，其上是悦心悦意，最上是悦志悦神。悦耳悦目不等于快感，悦志悦神也不同于宗教神秘经验）。西方常常是由道德而宗教，这是它的最高境界。”[③]审美代宗教说将审美置于宗教之上，给予审美以超越的功能，以美的信仰取代宗教的信仰。

“如果说，认识论和伦理学的主体结构还具有某种外在的、片面的、抽象的理性性质，那么，只有在美学的人化自然中，社会与自然，理性与感性，历史与现实，人类与个体，才得到真正内在的、具体的、全面的交融

① 李泽厚：《实用理性与乐感文化》，北京：生活·读书·新知三联书店，2008年，第229页。
② ［德］雅斯贝尔斯：《什么是教育》，邹进译，北京：生活·读书·新知三联书店，1991年，第94页。
③ 《李泽厚哲学美学文选》，长沙：湖南人民出版社，1985年，第454页。

合一。如果说，前二者还是感性中内化的或凝聚的理性，那后者则是积淀了理性的感性；如果说，前二者还只表现在感性的能力、行为、意志中的人与自然的统一，那么后者则表现在感性的需要、享受和向往中的人与自然的统一。这种统一是最高的统一。也是中国古代哲学讲的‘天人合一’的人生境界。这是能够替代宗教的审美境界，它是超道德的本体境界。”①李泽厚认为，中国哲学的最高目的是审美而不是宗教，这是他研究中国哲学的一个结论，因此，审美代宗教说具有深厚的中国哲学根基。

审美代宗教与悦志悦神联系起来，“所谓‘悦志’，是对某种合目的性的道德理念的追求和满足，是对人的意志、毅力、志气的陶冶和培育；所谓‘悦神’则是投向本体存在的某种融合，是超道德而与无限相同一的精神感受。所谓‘超道德’，并非否定道德，而是一种不受规律包括不受道德规则、更不用说不受自然规律的强制、束缚，却又符合规律（包括道德规则与自然规律）的自由感受。悦志悦神与崇高有关，是一种崇高感”②。悦志悦神在不同文化背景中呈现不同的面貌和精神境界，在西方，它经常与对上帝的依归感相联系，从而走向宗教，其所表现的境界也就是一种宗教境界；在中国，则呈现为与大自然相融会的“天人合一”的精神境界。“中国的这个最高境界不是宗教的，而是审美的，因为它始终不厌鄙、不抛弃感性，不否定、不抛弃内在的和外在的自然。它是在感性自身（包括对象的整体自然和主体的生命自然）中求得永恒，这种审美感当然就不是耳目心意的愉悦的审美感了。”③至高的善、至高的美，不在宗教中，而在审美之中，审美境界也是一种伦理境界，与“以美储善”统一起来。

① 李泽厚:《实用理性与乐感文化》，北京：生活·读书·新知三联书店，2008年，第215页。

② 李泽厚:《华夏美学·美学四讲》（增订本），北京：生活·读书·新知三联书店，2008年，第350页。

③ 李泽厚:《华夏美学·美学四讲》（增订本），北京：生活·读书·新知三联书店，2008年，第351-352页。

第十七章 《判断力批判》的定位

20世纪中期以后，作为西方唯心主义美学思想的代表，康德美学在中国学界受到广泛的批判，这种批判介于学理与意识形态之间。

一、《判断力批判》的意识形态批判

1963年，宗白华在《判断力批判》上卷译后记中说："这部《判断力批判》分上下两卷，上卷即'审美的判断力批判'，是欧洲近代美学界一个极为重要的著作，它一直刺激了欧洲近代资产阶级美学界的思考，研究美学的人不能不对这个美学体系作出深入的彻底的批判，来建立唯物主义的美学。"[①]康德美学不仅"刺激"了后康德时期的美学界，而且激发中国学者在这一时期从学理批判转向意识形态批判。

1960年5月，宗白华在《新建设》发表的《康德美学原理评述》，后来作为中译本《判断力批判》上卷的附录。在这一评述中，宗白华阐释康德与唯理主义以及英国经验主义的关系，主要涉及康德与鲍姆加登、康德与博克的关系。

对于康德美学的思想渊源，宗白华梳理出笛卡儿—莱布尼茨—沃尔夫—鲍姆加登的唯理论线索。宗白华概括了鲍姆加登美学的要义，区分了鲍姆加登美学与康德美学。康德借用鲍姆加登的概念"Aesthetic"，区分了"先验的逻辑"和"先验的美学"，他继承了鲍姆加登关于美基于情感的观

① ［德］康德：《判断力批判》（上卷），宗白华译，北京：商务印书馆，1964年，第206页。

点，反驳了鲍姆加登的美的完满性观念，接受鲍姆加登的形式主义和情感论建构了自己的美学理论。

至于经验主义的思想来源，宗白华梳理出荷姆—博克—休谟的思想线索。荷姆的心理学阐释将情绪作为心灵生活的一个独立领域，康德将这种学说系统化。荷姆与休谟的趣味概念影响了康德，博克对康德影响至深。康德肯定了博克的贡献，批判了博克有关优美与崇高的学说。

康德从唯理论与经验论中汲取思想养料，从他的哲学发展中，可以看到美学思想转变的端倪。宗白华指出，在《关于优美感与壮美感的考察》一文中，康德从多学科角度区分了优美感和壮美感这两个范畴。这种区分不是美学的，更多的是心理学与人类学上的。《判断力批判》实现了美学问题的彻底转变，情感成为康德美学的核心问题，审美有其独立的地位。美学研究对象为“鉴赏里的愉快”，“是研究一种无利益兴趣和无概念（思考）却仍然具有普遍性和直接性的愉快”。[①]审美理念区别于科学理论上的诸理念，是无须推证的，只是想象力的直观，是“无限”的表现。

宗白华探讨了康德的美的分析。从质上说，宗白华认为：“照康德的意见，在纯粹美感里，不应渗进任何愿望，任何需要，任何意志活动。审美感是无私心的，纯是静观的，他静观的对象不是那对象里的会引起人们的欲求心或意志活动的内容，而只是它的形象，它的纯粹的形式。所以图案、花边、亚拉伯花纹正是纯粹美的代表物。”[②]宗白华的概括是准确的。

从量上看，审美判断具有主观的普遍有效性，因为它涉及概念。“康德认为美是一对象的形式方面所表现的合目的性而不去问他的实际目的，即他所说的‘合目的性而无目的’（无所为而为），也就是我们在对象上观照它在形式上所表现的各部分间有机的合目的性的和谐，我们要停留在这完美的多样中统一的表象的鉴赏里，不去问这对象自身的存在和它的实际目的。”[③]宗白华援引中国传统的“无所为而为”来阐释“合目的性而无目的”的概念，不过，这两个概念存在根本区别，虽然可以对照理解，但是不能

① ［德］康德：《判断力批判》（上卷），宗白华译，北京：商务印书馆，1964年，第215页。
② ［德］康德：《判断力批判》（上卷），宗白华译，北京：商务印书馆，1964年，第217页。
③ ［德］康德：《判断力批判》（上卷），宗白华译，北京：商务印书馆，1964年，第219-220页。

等同。因为“合目的性而无目的”涉及两个概念：一个是目的，另一个是合目的性。目的涉及利害关系，与道德领域相关，合目的性是鉴赏判断的先天概念与基础，无目的的合目的性作为鉴赏判断的先天原则，是从“目的的关系”来分析的。尽管如此，宗白华的分析依然是严谨的，他对形式的合目的性的阐释契合康德美学。

至于“情状”，宗白华说：“美对于快感具有必然性的关系，但这种必然性不是理论性和客观性的，也不是实践性的（如道德）。这种必然性在一个审美判断里被思考着时只能作为例证式的，这就是说作为一个普遍规律的一个例证，而这个普遍规律却是人们不能指说明白的（不像科学的理论的规律，也不像道德规律）。审美的共通感作为我们的认识诸力（理知和想像力）的自由游戏是一个理想的标准，在它的前提下，一个和它符合着的判断表白出对一对象的快感能够有理由构成对每个人的规律，因为这原理虽然只是主观性的，却是主观的普遍性，是对于每个人具含着必然性的观念。”[①]鉴赏具有普遍可传达的特征，这种特征基于共通感这一先天能力。共通感使鉴赏判断具有普遍必然的特征。宗白华沿着康德的美的分析的理路，阐发了鉴赏判断的四个契机。宗白华诠释康德美学，也有所蔽之处，这可从他对康德美学的批判中显现出来。

宗白华一直强调《判断力批判》的形式主义特征，康德俨然是形式主义的鼻祖。这种形式主义的论断并不少见，朱光潜在《文艺心理学》中也坚持这种观点。从总体上看，“康德美学把审美和实践生活完全割裂开来，必然从审美对象抽掉一切内容，陷入纯形式主义，把艺术和政治割离开来，反对艺术活动中的党派性。它成为现代最反动的形式主义艺术思想的理论源泉了”[②]。宗白华说：“康德喜欢追求纯粹，纯洁，结果陷入形式主义主观主义的泥坑，远离了丰富多采的现实生活和现实生活里的斗争，梦想着‘永久的和平’。美学到了这里，空虚到了极点，贫乏到了极点，恐怕不是他始料所及的吧！而客观事实反击了过来，康德不能不看到这一点，但是

① ［德］康德：《判断力批判》（上卷），宗白华译，北京：商务印书馆，1964年，第220—221页。
② ［德］康德：《判断力批判》（上卷），宗白华译，北京：商务印书馆，1964年，第217—218页。

他的主观唯心主义和他不能用唯物辩证法来走出这个死胡同，于是不顾自相矛盾地又反过来说：‘美是道德的善的象征’。想把道德的内容拉进纯形式来，忘了当初气势汹汹的分疆划界的工作了。”①“形式主义”作为一个西方美学概念，是中性的美学术语，同时也是艺术和思想的一个流派。宗白华撰写此文时，“形式主义”不仅仅是一个美学术语。康德的形式主义与唯心主义密切相关，这些术语与观念也转变为唯物主义的对立物，成为需要批判的对象。

康德的形式主义与唯物主义相对立。这种分野不只是哲学上的，也关系到政治立场，康德美学将“艺术和政治割离开来，反对艺术活动中的党派性”。在当时，艺术与社会、艺术与政治的关系是美学研究的重要问题。宗白华认为，康德不汲取歌德与赫尔德等人的“现实主义”理论，回避贝多芬与莫扎特等人的音乐，建立了一个资产阶级的美学体系。宗白华批判康德美学的主观性与情感问题时，美学渐渐远离了人的情感与主观性，美成为见物不见人的一个客观存在。

二、《判断力批判》的历史定位

20世纪60年代，朱光潜在《西方美学史》中述评了康德美学。朱光潜指出，与启蒙运动相比，康德具有相悖的思想因素。从经验论和理性论的对立与斗争审视康德哲学，康德哲学的转变是哥白尼式的。朱光潜从康德先验哲学出发理解康德美学，这种思路是恰当的。

从研究对象看，朱光潜指出康德三大批判所研究的不同问题，以及三大批判之间的关系。康德认为“批判”是与“教条主义”相对立的，他运用形式逻辑方法，考察人的知、情、意三方面的功能。朱光潜认为：“康德的总目的是在知情意（即在哲学、伦理学、美学）三方面都要达到理性主

① ［德］康德：《判断力批判》（上卷），宗白华译，北京：商务印书馆，1964年，第218页。

义与经验主义的调和；用逻辑术语来说，他要证明这三方面的共同基础在‘先验综合’。”[①]

朱光潜认为，康德《判断力批判》的意图是要为前两大批判“牵线搭桥”，完成先验哲学的批判。“他的意图是要使这部批判在较早写成两大批判之中起桥梁作用，或则用他的术语来说，要使判断力在知解力与理性之中起桥梁作用，情感（快感和不快感）在认识与实践活动（道德活动）之中起桥梁作用，审美的活动在自然界的必然与精神界的自由之间起桥梁作用。”[②]朱光潜阐明了《判断力批判》的桥梁作用，在《判断力批判》导言中，康德对这一意图也有明确的说明与阐释。“因为这种判断力既略带知解力的性质（因为涉及知解力的概念，这在审美判断中是暗含的，在审目的判断中是显露的），又略带理性的性质（因为“目的”本身就是一种理性概念）；这与情感（快感和不快感）既略带认识的性质，又略带意志（欲念）的性质，因而在认识与意志之间造成桥梁是一致的。这也和审美活动既见出自然界的必然，又见出精神界的自由，因而在这两种境界之中造成桥梁是一致的。就是在这个意义上,《判断力批判》填塞了《纯粹理性批判》和《实践理性批判》所留下来的鸿沟。”[③]

朱光潜从四个契机分析审美判断。从质上看，审美判断不是一种“理智的判断”，而是一种“情感的判断”。审美活动不受欲念或利害的限制，因此是“自由的喜爱”。自由的愉悦与想象力密切相关，同时也与无利害概念相关。因此，美不涉及利害，也不涉及欲念和概念。从量上看，审美判断皆为单称判断，具有主观的、普遍有效性的特征。从关系上看，审美判断涉及对象和它的目的之间的关系，不涉及概念，因此没有明确的目的。“有符合目的性，因为对象的形式适合于主体的想象力与知解力的自由活动与和谐合作，这仿佛是由一种‘意志’（康德没有明说“天意”）来预先设计安排的。”[④]康德从关系方面区分了纯粹美与依存美。朱光潜认为，“从分

① 朱光潜:《西方美学史》，北京：人民文学出版社，1963年，第345-346页。
② 朱光潜:《西方美学史》，北京：人民文学出版社，1963年，第347页。
③ 朱光潜:《西方美学史》，北京：人民文学出版社，1963年，第349页。
④ 朱光潜:《西方美学史》，北京：人民文学出版社，1963年，第357页。

析的角度看，纯粹美是只关形式的，有独立性的；但从综合的角度看，美毕竟要涉及整个的对象和整个的人（主体）”[①]。从方式上看，美的愉悦是必然的。这种必然性建立在共通感基础之上，共通感作为一种先天能力而存在，这种先天能力的假设是美感必然性与普遍性的基础和前提。康德揭示出审美现象中的诸多矛盾与复杂性，纠正了经验派与理性派有关美的观点的偏颇之处，明确了真、美、善的区别与联系。

朱光潜简要梳理了“崇高”概念的历史，概括了从朗吉弩斯到英国经验主义者诸如爱笛生、博克等人，再到文克尔曼的思想。朱光潜认为这些思想家皆对康德产生了影响。从知识发生学的角度看，这的确是一个重要问题。朱光潜指出，崇高只能在主体的心灵，强调崇高不在自然而在人的心境。“崇敬是一种道德的情操，很显然，康德所说的‘理性观念’实际上就是道德观念，在‘最高原则攸关，须决定取舍的关头’不向‘外来的暴力’屈服，也就要靠康德在《实践理性批判》里所说的‘至上命令’。”[②]

朱光潜阐释了康德的艺术理论，认为康德从区分的角度来理解和划分艺术。朱光潜指出：“康德把自由看作艺术的精髓，正是在自由这一点上，艺术与游戏是相通的。”[③]朱光潜重要的引文直接从德文译出，对勘俄文与英文译本加以分析与阐释，他重视核心概念的翻译与厘定，认为借助这些概念，可以更好地理解康德美学理论，强调理解康德美学的术语，必须从文本语境中理解，通过著作的上下文来理解，疏通术语的内涵。

朱光潜分析了《审美判断力批判》中的美学问题，从学理上阐发康德美学。与宗白华的述评相比，朱光潜的阐释更加全面与深刻，他立足康德批判哲学，辨析康德美学的核心概念，爬梳康德美学的基本问题，解释这些问题之间的内在逻辑关系。朱光潜没有从唯心主义与唯物主义的立场来研究康德，问题的诠释没有过多的意识形态羁绊，他阐释康德美学，也没有过多的经世致用的考量，自然回归到学术本位。

---

① 朱光潜：《西方美学史》，北京：人民文学出版社，1963年，第359页。
② 朱光潜：《西方美学史》，北京：人民文学出版社，1963年，第372页。
③ 朱光潜：《西方美学史》，北京：人民文学出版社，1963年，第374页。

三、《判断力批判》的经验论根源

如果说宗白华与朱光潜是直接阐释康德的《审美判断力批判》，那么汝信和杨宇等人则是迂回地考察康德美学的经验主义思想来源。虽然宗白华与朱光潜对康德美学的经验主义思想来源有所涉及，但没有详细阐释。汝信和杨宇认识到康德美学的重要性，阐释了英国经验主义美学与康德美学的复杂关系，“康德美学不仅在历史上起过重大作用，它对以后资产阶级美学思想的深刻影响也是不容忽视的。现代西方美学和文艺理论中的许多流行的概念，都可以在康德那里找到它们的渊源。从这个意义上讲，不了解康德就不能真正理解十九世纪以来欧洲资产阶级美学思想的发展”①。

从思想的来龙去脉阐释康德美学的历史作用，显然是探本溯源的研究，这种阐释揭示出康德美学的创造性。在理解康德美学“为何”时，尚需理解来自“何处”，并如何化为“为何”的。这一问题往往被研究者忽略，而这正是区分康德与其他哲学家的关键。康德运用了哪些思想的“锤子”？他是如何使用这些“锤子”的？这些“锤子”砸到哪里，效果如何？

首先，要明确康德锻造美学的“锤子”。康德调和欧洲大陆理性主义与英国经验主义，“根据自己的哲学世界观把前人的美学学说溶合于自身，而建立了一套新的、独创的美学理论”②。康德在《判断力批判》中直接提及了两位美学家，一个是鲍姆加登，另一个是博克。“显而易见，无论象克罗齐那样把康德美学归结为鲍姆加敦主义，或者象凯瑞特那样把它归结为英国经验主义，都只是片面地夸大康德的美学思想的个别方面，从而抹煞了康德美学和以往美学的区别及其特有的复杂性和矛盾性。”③

鉴赏判断的第一契机，“无利害关系”并不是康德独创的，在西方美学

① 汝信、杨宇:《西方美学史论丛》，上海：上海人民出版社，1963年，第116页。
② 汝信、杨宇:《西方美学史论丛》，上海：上海人民出版社，1963年，第117-118页。
③ 汝信、杨宇:《西方美学史论丛》，上海：上海人民出版社，1963年，第119页。

史上有其思想根源，可追溯到中世纪的托马斯·阿奎那，再到18世纪的夏夫兹博里、哈奇生、爱笛生，直至博克。当然，康德与英国经验论者关于“无利害关系”的诠释存在相同之处，但差异是最根本的。“在康德那里，所谓无利害关系获得了更广泛的意义。对英国美学家来说，利害关系主要关涉到占有或利用一个对象的欲望，而在康德看来，则凡是和一个对象的存在有关的都是有利害关系的。”①

至于崇高学说，康德与博克都不将崇高看作美的表现形式，明确地区分了崇高与美，认为崇高与美是两个不同的审美范畴。博克阐明了崇高与美这两个不同的美学概念的性质和起源，这是他的《我们关于崇高与美的观念的起源的哲学探讨》的根本任务。康德受博克影响，探讨了崇高与美的区别，“他认为两者的重要区别之一正在于它们所产生的愉快不同：美感是积极的快感，而崇高感则是由痛感转化而来的快感、即消极的快感”②。鲍桑葵指出：“博克区别美和崇高时所依据的坚固而明确的基础乃是快感的愉悦性和痛苦的愉悦性之间的差别。康德的崇高说无疑也是建立在这个基础上的。在康德的理论中，崇高感的一种主要情况是由恐惧所产生的。这种恐惧相当于博克所说的‘同自我保存有关的、大都系于痛苦或危险的种种激情。’”③康德强调了美感与崇高感在情感表现上的区别，他对崇高的解释具有“主观唯心主义色彩”，因为对于崇高的审美判断，只涉及理性观念，而不涉及感性对象本身。康德与博克看似存在诸多类似之处，实质上已分道扬镳。康德扬弃了博克的一系列观点，运用先验方法，从根本上改造了博克美学。

康德在《判断力批判》中评论了博克的美学思想，表明了他对18世纪英国经验主义美学的总体态度。“从这里我们可以看到，康德美学和英国经验主义美学的历史区别的根源，归根结柢还得到它们的不同的哲学基础中去寻找。美学观点总是直接或间接地由哲学世界观所决定的，任何一种严整的美学理论总是明确贯彻着一定的哲学立场和方法。关于这一点，我们

① 汝信、杨宇：《西方美学史论丛》，上海：上海人民出版社，1963年，第130页。
② 汝信、杨宇：《西方美学史论丛》，上海：上海人民出版社，1963年，第143页。
③［英］鲍桑葵：《美学史》，张今译，北京：商务印书馆，1985年，第357页。

通过康德美学和英国经验主义美学的比较又得到了证明。”[①]这种论断是公允的，也是契合学理的。不同思想家之间的区别要从根子上去寻找，这个根子就是基本的哲学观念与思想方式。

20世纪60年代，中国学者推进了康德美学的研究。《判断力批判》中译本的问世，加快了中国学者走进康德美学的进程，激发了中国学界重新认识、阐释与批判康德的热情。中国学者充分认识到康德美学的开山地位，从学理上阐发它的重要意义，他们直接研究康德美学原著，而不仅限于概念的挪用与理论的裁断，走过浅尝辄止的介绍与移植阶段，开始“照着讲”。宗白华、朱光潜、汝信等学者皆直接研读康德《判断力批判》德文原著，直接与康德对话，这种学术研究方法值得肯定与推崇。从这个意义上说，探讨那个时代的康德美学研究，不只是在审视20世纪中叶的中国美学学术史，更是后学对前辈学者的致敬。

① 汝信、杨宇:《西方美学史论丛》，上海：上海人民出版社，1963年，第155页。

第十八章　《判断力批判》汉译探讨

与康德的《纯粹理性批判》《实践理性批判》汉译相比,《判断力批判》汉译要晚得多。1958年,《文艺理论译丛》第一期发表了宗白华翻译的《判断力批判》中的《美的分析》。1964年，宗白华翻译的《判断力批判》(上卷)与韦卓民翻译的《判断力批判》(下卷)出版。本章主要探讨四个在学界流行的《判断力批判》中译本。

一、《判断力批判》汉译概说

康德《判断力批判》的四个汉译本，翻译形式多样，有分工翻译的，有单独翻译的，有校译合作的，按照出版时间的先后顺序分述如下。

(一)宗白华与韦卓民的“分工”翻译

20世纪中叶以后，西方唯心主义哲学家与思想成为批判对象，宗白华和韦卓民翻译的《判断力批判》在这一时期出版，为中国学界全面地理解康德美学提供了一个直接文本。宗白华与韦卓民的这种筚路蓝缕之功是不能抹杀的，也是不能遗忘的。

宗白华在《判断力批判》上卷译后记中写道:“我不揣自己的浅陋，翻译了这部素称难译的康德著作，期望不久有更准确，更流畅的译本问世。”[①]宗白华兼具学者的谦逊与知难而进的学术勇气，他的概念译名为后来译者

① ［德］康德:《判断力批判》(上卷)，宗白华译，北京：商务印书馆，1964年，第206页。

所遵循，譬如“鉴赏”“合目的性”等概念。《判断力批判》的导论是难啃的“硬骨头”，“本书的‘导论’，内容较为深曲难解，也最难用中文译得明白。但是在这篇‘导论’里，康德对他的全部的哲学努力，对他的‘批判哲学’，做了一次总结性的阐述，要对康德哲学的全部问题有了初步掌握，才能完全理解它和批判它”[①]。这种看法是中肯的，《判断力批判》的导论探讨了康德批判哲学，而不只关涉《判断力批判》本身。

韦卓民在《判断力批判》下卷译后记中说：“由于借书不易，我是根据Karl Vorländer 1922年Leipzig版译出的，该书两部分的中译所根据的德文版本既不相同，而在翻译的过程中，我又未能与宗白华同志好好地当面商榷以求得译文的前后一致，这是要请读者原谅的。”[②]韦卓民还提及翻译参照了James Creed Meredith 1952年Oxford版的英译本。

宗白华指出，研读《判断力批判》乃先读《审美判断力批判》与《目的论判断力批判》，然后再“咀嚼”《判断力批判》的导论。韦卓民认为，阅读《判断力批判》需要结合康德的前两大批判，这样才能窥见康德哲学体系的全貌；读《判断力批判》下卷，要参考其上卷，尤其是导论，才能理解康德的美学哲学思想。宗白华与韦卓民关于《判断力批判》的阅读建议是中肯的。

《判断力批判》的这种分工翻译带来了诸多问题。在核心概念的翻译上，《判断力批判》的上卷与下卷不统一。譬如，Verstand，宗白华翻译为“悟性”，韦卓民则翻译为“知性”；Zweckmäßigkeit，宗白华译为“合目的性”，韦卓民则译为“目的性”。译名不统一，给读者增加了理解上的难度。尽管如此，瑕不掩瑜，《判断力批判》这一版的中译本还是滋养了一代又一代的学者。宗白华所期望的“更准确，更流畅”的《判断力批判》中译本直到近30年后才陆续问世。

① ［德］康德：《判断力批判》（上卷），宗白华译，北京：商务印书馆，1964年，第206页。
② ［德］康德：《判断力批判》（下卷），韦卓民译，北京：商务印书馆，1964年，第164页。

(二)牟宗三翻译康德三大批判

1992年，牟宗三出版了《判断力批判》的全译本。牟宗三肯定了自己的译作，认为比起自己的康德其他两大批判的译文，此译“较佳”。他自己校改了多次，自认为文通意顺，语言清晰明确。牟宗三指出：“说到译文，吾是据Meredith之英译而译成。关此译文，吾曾反复修改过好多次：先改其错误，后改其模糊不清，凡稍有疙瘩处必予以顺通抚平。英文有三个翻译，一是Bernard译，二是Meredith译，三是Pluhar译。三个译本皆有好处，亦皆有误处或不谛当处。凡遇难通处，吾必三译对刊。遇有专词或名词不谛当处，吾必对质德文原文。德文文法吾不懂，但康德所使用之专词吾大体皆知。”①

牟宗三翻译《判断力批判》依据Meredith英译本，参照了Bernard和Pluhar的两个英译本，专有名词的翻译对勘德文原著。牟宗三翻译最大的缺陷是没有依据德文原文，从“信”上讲，存在诸多问题。因此，牟宗三的“自我肯定”大打折扣，“较佳”的自我评价还有待评判。牟宗三的译本与其他译本有很大不同，正文添加了自己的许多注释，所以他的这个译本可谓译注本。

(三)杨祖陶与邓晓芒的“双打”拍档

2002年，邓晓芒在《判断力批判》中译者序中讲述了自己与杨祖陶合作翻译的模式。邓晓芒译出初稿，打出样稿，由杨祖陶校订，邓晓芒再根据校订过的样稿加以订正。②邓晓芒翻译《判断力批判》参考了宗白华、韦卓民、牟宗三诸先生的中译本。邓晓芒重译康德的第三批判，主要有以下的考量：“在已有的中译本中，要么译者对康德哲学缺乏了解，要么不是直

---

① 《牟宗三先生全集》(16)，台北：联经出版事业股份有限公司，2003年，译者之言，第5-6页。

② [德]康德：《判断力批判》，邓晓芒译，杨祖陶校，北京：人民出版社，2002年，中译者序，第3页。邓晓芒指出，《判断力批判》翻译所依据的主要版本是《哲学丛书》第39a卷，卡尔·弗兰德尔编，费利克斯·迈纳出版社，汉堡1924年第6版，1974年重印本，还参照了普鲁士科学院版《康德文集》第5卷，柏林1968年版，个别地方也参考了Werner S. Pluhar的英译本；校译所依据的主要是上述《哲学丛书》第39a卷的1990年第7版，1993年的重印本。

接从德文原本翻译过来的，而是从英译本转译的，与原文出入较大，不少意思译得不明确，错漏也比较多，加上译名的不统一和表述上存在的问题，总的来说，都不能令对康德哲学有兴趣的中国读者们满意，更谈不上满足康德哲学和美学的研究者的迫切需要了。”[①]邓晓芒谈到了《判断力批判》的翻译难度，“我们在翻译中也感到，其实第三批判的翻译是最艰难的。《纯粹理性批判》当然很庞大、很繁琐，《实践理性批判》也有它的难度，但是最难的就是《判断力批判》，因为它是建立在前两个批判基础之上的。有些东西前两个批判讲了，这里不讲了，或讲得比较简单。你如果没有读过前两个批判，你一时从这个文本上面就摸不到头脑，不知道从哪里来的”[②]。

（四）李秋零翻译康德全集的单打独斗

李秋零翻译的《判断力批判》译自普鲁士科学院版（通称“科学院版”）的《康德全集》，2007年作为《康德著作全集》第5卷出版。[③]2011年，李秋零又将《判断力批判》中译本作为单行本出版，除了译文的个别订正外，主要增加了“科学院版”的编者导言与一些注释。李秋零说：“《判断力批判》此前已有多个汉语译本，译者在翻译过程中参考了它们，吸取了它们的成功之处，也弥补了它们的一些疏漏之处，尝试了一些新的译法，但愿能够为学界和读书界所接受。”[④]

面对这四个译本，读者该如何选择的确是一个重要问题。这需要比较四个译本，判断每个译本的得失，进而探讨康德著作汉译问题。下面以《判断力批判》§ 1第一段翻译为中心，展开我们的讨论。

---

① ［德］康德：《判断力批判》，邓晓芒译，杨祖陶校，北京：人民出版社，2002年，中译者序，第4页。

② 邓晓芒：《康德〈判断力批判〉释义》，北京：生活·读书·新知三联书店，2008年，第2页。

③ 李秋零主编：《康德著作全集》（第5卷），北京：中国人民大学出版社，2007年。

④ ［德］康德：《判断力批判》（注释本），李秋零译注，北京：中国人民大学出版社，2011年，第301页。

二、《判断力批判》概念翻译

《判断力批判》§ 1第一段涉及康德美学中的核心问题与核心概念。我们没有选取《判断力批判》的序言与导论，并非有意回避“硬骨头”，而是因为我们重点探讨康德美学，而不是康德批判哲学。四个中译本大多参照了不同的英译本，因此，我们援引了三种英译，不过，各种英译不是讨论的重点。下面是 § 1第一段的德文原文、三种英译与四种汉译。

§ 1. Das Geschmacksurteil ist ästhetisch

Um zu unterscheiden，ob etwas schön sei oder nicht，beziehen wir die Vorstellung nicht durch den Verstand auf das Objekt zum Erkenntnisse，sondern durch die Einbildungskraft（vielleicht mit dem Verstande verbunden）auf das Subjekt und das Gefühl der Lust oder Unlust desselben. Das Geschmacksurteil ist also kein Erkenntnisurteil，mithin nicht logisch，sondern ästhetisch，worunter man dasjenige versteht，dessen Bestimmungsgrund *nicht anders* als *subjektiv* sein kann. Alle Beziehung der Vorstellungen，selbst die der Empfindungen，aber kann objektiv sein（und da bedeutet sie das Reale einer empirischen Vorstellung）；nur nicht die auf das Gefühl der Lust und Unlust，wodurch gar nichts im Objekte bezeichnet wird，sondern in der das Subjekt，wie es durch die Vorstellung affiziert wird，sich selbst fühlt.①

§ I *The judgement of taste is aesthetic*

IF we wish to discern whether anything is beautiful or not，we do not refer the representation of it to the object by means of the understanding with a view

① Immanuel Kant，*Kritik der Urteilskraft*，Frankfurt am Main：Suhrkamp，1974，S.115.

to cognition, but by means of the imagination (acting perhaps in conjunction with the understanding) we refer the representation to the subject and its feeling of pleasure or displeasure. The judgement of taste, therefore, is not a cognitive judgement, and so not logical, but is aesthetic—which means that it is one whose determining ground *cannot be other than subjective*. Every reference of representations is capable of being objective, even that of sensations (in which case it signifies the real in an empirical representation). The one exception to this is the feeling of pleasure or displeasure. This denotes nothing in the object, but is a feeling which the subject has of itself and of the manner in which it is affected by the representation. ①

§ 1 A Judgment of Taste Is Aesthetic

If we wish to decide whether something is beautiful or not, we do not use understanding to refer the presentation to the object so as to give rise to cognition; rather, we use imagination (perhaps in connection with understanding) to refer the presentation to the subject and his feeling of pleasure or displeasure. Hence a judgment of taste is not a cognitive judgment and so is not a logical judgment but an aesthetic one, by which we mean a judgment whose determining basis *cannot be other* than *subjective*. But any reference of presentations, even of sensations, can be objective (in which case it signifies what is real[rather than formal]in an empirical presentation); excepted is a reference to the feeling of pleasure and displeasure—this reference designates nothing whatsoever in the object, but here the subject feels himself, [namely] how he is affected by the presentation.②

① Immanuel Kant, *Critique of Judgment*, translated by James Creed Meredith, Oxford: Oxford University Press, 1952, p.35.

② Immanuel Kant, *Critique of Judgment,* translated by Werner S. Pluhar, Indianapolis/Cambridge: Hackett Publishing Company, 1987, p.44.

§ I. The judgment of taste is aesthetic

In order to decide whether or not something is beautiful, we do not relate the representation by means of understanding to the object for cognition, but rather relate it by means of the imagination (perhaps combined with the understanding) to the subject and its feeling of pleasure or displeasure. The judgment of taste is therefore not a cognitive judgment, hence not a logical one, but is rather aesthetic, by which is understood one whose determining ground **cannot** be **other than subjective**. Any relation of representations, however, even that of sensations, can be objective (in which case it signifies what is real in an empirical representation); but not the relation to the feeling of pleasure and displeasure, by means of which nothing at all in the object is designated, but in which the subject feels itself as it is affected by the representation.①

第1节 鉴赏判断是审美的

为了判别某一对象是美或不美，我们不是把［它的］表象凭借悟性连系于客体以求得知识，而是凭借想象力（或者想象力和悟性相结合）连系于主体和它的快感和不快感。鉴赏判断因此不是知识判断，从而不是逻辑的，而是审美的。至于审美的规定根据，我们认为它只能是主观的，不可能是别的。但是一切表象间的关系，甚至于感觉间的关系，却能够是客观的（在这场合，这种关系就意味着一个经验表象的实在体）；但快感与不快感就不能是这样了，在这里完全没有表示着客体方面的东西，而只是这主体因表象的刺激而引起自觉罢了。②

§ 1 审美品味之判断是美学的判断

如果我们想去辨识任何东西是否是美，我们并不是借赖着知性以认知为目的把此任何东西之表象关涉到对象上去，但只借赖着想像（或许在与

① Immanuel Kant, *Critique of the Power of Judgment*, translated by Paul Guyer, Cambridge: Cambridge University Press, 2000, p.89.

② ［德］康德:《判断力批判》(上卷)，宗白华译，北京：商务印书馆，1964年，第39–40页。

知性相结合中活动着的想像），我们把那事物之表象关涉到主体以及主体之「快或不快之情」。因此，审美判断不是一认知的判断，因而亦不是一逻辑的判断，但只是一美学的判断，此美学的判断其意是如此，即它是这样一个判断，即其被决定以成为一美学判断之决定根据除是主观的外不能是别的。每一表象之关涉皆可成为客观的，甚至感觉表象之关涉亦然（在感觉表象之关涉之情形中，此关涉指表一经验表象中的真实物）。唯一例外者便是快或不快之情。此快或不快之情于对象方面一无所指表，它但只是如此之一种情感，即此一情感乃即是主体自己所自然有之或感之者，而且亦即是主体自己之随「其如何为表象所影响」而自然有之或感之者。①

§1.鉴赏判断是审美的

为了分辨某物是美的还是不美的，我们不是把表象通过知性联系着客体来认识，而是通过想像力（也许是与知性结合着的）而与主体及其愉快或不愉快的情感相联系。所以鉴赏判断并不是认识判断，因而不是逻辑上的，而是感性的[审美的]，我们把这种判断理解为其规定根据只能是主观的。但诸表象的一切关系，甚至诸感觉的一切关系都可以是客观的（而这时这一切关系就意指着某种经验性表象的实在之物）；惟有对愉快和不愉快的情感的关系不是如此，通过它完全没有标明客体中的任何东西，相反，在其中主体是像它被这表象刺激起来那样感觉着自身。②

第1节　鉴赏判断是审美的

为了区分某种东西是不是美的，我们不是通过知性把表象与客体相联系以达成知识，而是通过想象力（也许与知性相结合）把表象与主体及其愉快或者不快的情感相联系。因此，鉴赏判断不是知识判断，因而不是逻辑的，而是审美的，人们把它理解为这样的东西，它的规定根据只能是主观的。但是，表象的一切关系，甚至感觉的一切关系，都能够是客观的

① 《牟宗三先生全集》(16)，台北：联经出版事业股份有限公司，2003年，第144-145页。

② [德]康德:《判断力批判》，邓晓芒译，杨祖陶校，北京：人民出版社，2002年，第37-38页。

（而这时这些关系就意味着一个经验性表象的实在的东西）；惟有与愉快和不愉快的情感的关系不是这样，通过它根本没有标明客体中的任何东西，而是在它里面主体如同被表象刺激那样感觉到自己本身。①

从"信"的角度来看，辨析英译、汉译与德文原文的差异，需要分析与比较核心概念的翻译。从援引的一段德文原文来看，核心概念有Geschmacksurteil、ästhetisch、Verstand、Einbildungskraft、das Gefühl der Lust oder Unlust。对于这些概念，Meredith、Pluhar与Guyer的英译基本上是一致的。然而，正如下表所示，四个中译本的差异非常明显，同时增加了朱光潜对于这些概念的翻译，扩大了概念翻译的讨论范围。

翻译	概念				
	Geschmacksurteil	ästhetisch	Verstand	Einbildungskraft	das Gefühl der Lust oder Unlust
英译	judgment of taste	aesthetic	understanding	imagination	feeling of pleasure or displeasure
宗白华译	鉴赏判断	审美的	悟性	想象力	快感和不快感
牟宗三译	审美品味之判断	美学的	知性	想像	快或不快之情
邓晓芒译	鉴赏判断	审美的（感性的）	知性	想像力	愉快或不愉快的情感
李秋零译	鉴赏判断	审美的	知性	想象力	愉快或者不快的情感
朱光潜译	趣味判断	审美的	知解力	想象力	快感和不快感

对于Geschmacksurteil，宗白华、邓晓芒与李秋零将其译为鉴赏判断，而牟宗三则将其译为审美品味之判断。从概念史角度看，Geschmack有诸多涵义，比如趣味、鉴赏等，但没有审美品味的涵义，译为鉴赏也是差强

① 李秋零主编:《康德著作全集》(第5卷)，北京：中国人民大学出版社，2007年，第210-211页。

人意，不得已为之。牟宗三忽略了Geschmacksurteil是一个复合名词，同时“审美”在德文原文中也找不到对应之词，他改变了术语的涵义。牟宗三在《判断力批判》的商榷论文中指出：“审美固亦是一种判断，但这判断，通常名之曰「品鉴」或「赏鉴」，此即远离一般认知意义之判断力矣。故此品鉴或赏鉴是属于「欣趣」(taste)或「品味」的，而不属于认知的；即使它亦有「知」意，这也是品知，而非基于感性而有待于概念的认知；即使这「品知」即是直感，这直感也是品味之直感，而非知识中感性之直感。故审美判断力之「品味」，吾人直接名之曰「审美力」，不再名之曰判断力。对此审美力，若自其「品知」而言，吾人名之曰「妙慧」；若自其「直感」而言，吾人名之曰「妙感」。”[①]这种理解大体不错。李淳玲指出：“牟宗三先生译为美学的判断（aesthetic judgment）及审美判断（judgment of taste）。黄振华先生译为审美（直感）判断（aesthetic judgment）及趣味判断（judgment of taste）。黄先生的术语翻译大体是沿用日文的翻译。但是日文的翻译在此却是情感判断（aesthetic judgment）及趣味判断（judgment of taste）。再就是晚近邓晓芒先生的翻译则是审美判断（aesthetic judgment）及鉴赏判断（judgment of taste）。这几组译法各有利弊，并不是对错的问题，只是顾此失彼，各有所偏。”[②]李淳玲基于康德美学义理的考量，“选用美感的判断（aesthetic judgment）及审美判断（judgment of taste）”。坂田德男和牧野英二的日文翻译是趣味判断。松崎俊之指出：“康德把直感判断划分为直感反思判断和直感感官判断。前者又叫纯直感判断、形式直感判断或趣味判断；后者叫经验直感判断或实质直感判断。”[③]松崎俊之将康德的审美判断理解与翻译为直感判断。

关于Geschmack，朱光潜指出：“审美力或鉴赏力在传统术语里叫做‘趣味’(Geschmack，本章一律译为“审美趣味”)，所以康德往往把‘审美判断力’又叫做‘趣味判断力’，为着简便，本文将一律用‘审美判断

---

① 《牟宗三先生全集》(16)，台北：联经出版事业股份有限公司，2003年，第69页。

② 文哲：《康德美学》，李淳玲译，台北：联经出版事业股份有限公司，2005年，中译者序，第iii页。

③ [日]松崎俊之：《从康德的判断论看直感判断的性质》，曲翰章译，《国外社会科学》1985年第12期。

力'。"[1]Geschmack译为鉴赏还是趣味，哪种翻译更接近康德术语的原义，契合康德先验哲学的义理，这需要我们仔细地考辨。[2]"虽说单单taste一词是指趣味、品味，但是品味一词一般还包括品茗、品酒等等属于舒适判断的范围，并不是康德在文本里界定的，只是对'美'下判断而已。因此以趣味判断译judgment of taste没能直指对'美'的品味，还不如直扣'审美'判断来得停当，以切合康德美学的本意。"[3]加达默尔指出："趣味这一概念在被康德作为他的判断力批判的基础之前就有很长的历史，这漫长的历史清楚地表明趣味概念最早是道德性的概念，而不是审美性的概念。"[4]这种论说表明了康德的趣味概念的历史性。暂且不论趣味的涵义从道德性到审美性的转变，从趣味概念史的角度看，在英国经验论美学中，趣味是一个核心议题，夏夫兹博里、休谟、博克等人皆有论说。比厄斯利认为："我们是否拥有一种特殊的官能，通过它我们就能欣赏，或者'品味'美的对象，这是一个在17世纪的思想家们那里就已经出现的问题，到了18世纪，这一问题在审美经验主义中变得极为重要。与最直截了当地表示喜欢与不喜欢的判断相类比，这种能力被人们称为'趣味'。'趣味'一词的模糊性可以被人们从多方面去利用，因而其意义可以覆盖很大的范围。"[5]休谟在《论趣味的标准》中指出，趣味的多样性是显然的，趣味的差别比看上去要大得多。英国经验主义者虽然在经验领域探讨趣味，但他们已经将趣味作为人的一种重要能力来论述，这无疑启发了康德对趣味的思考。康德美学与经验主义相关，康德的趣味概念直接来自经验主义者，只是他彻底颠覆了这个概念的经验诠释，以先验的观点来阐释趣味。

康德认为，趣味是一种评判美的能力。"这里当做基础的鉴赏的定义

① 朱光潜:《西方美学史》(下卷)，北京：人民文学出版社，1999年，第358-359页。

② 李泽厚认为，taste译为欣赏、品鉴、趣味均不甚好，今从一般译法。参见李泽厚《批判哲学的批判——康德述评》(修订本)，北京：人民出版社，1984年，第372页。

③ 文哲:《康德美学》，李淳玲译，台北：联经出版事业股份有限公司，2005年，中译者序，第iv页。

④ [德]汉斯-格奥尔格·加达默尔:《真理与方法》(上卷)，洪汉鼎译，上海：上海译文出版社，2004年，第44页。

⑤ [美]门罗·C.比厄斯利:《西方美学简史》，高建平译，北京：北京大学出版社，2006年，第181页。

是：鉴赏是评判美者的能力。但是，要把一个对象称为美的，这需要什么，必须由对鉴赏判断的分析来揭示。”[①]在康德著作中，趣味涵义并不统一，从人类学的观点看，“其本来意义是指某种感官（舌、腭和咽喉）的特点，它是由某些溶解于食物或饮料中的物质以特殊的方式刺激起来的。这个词在使用时既可以理解为仅仅是口味的辨别力，但同时也可以理解为合口味”[②]。Geschmack并不是康德独创的术语，如果忽略了趣味的历史与传统，就更不知趣味的学理渊源了。康德趣味概念的翻译处在一个两难的境地。从这一术语的翻译来看，英文译本较好地呈现了趣味概念的来源。康德在《判断力批判》第一节中探讨的问题非常明确：趣味判断是审美的。康德在正文与注释中申明了趣味的重要性，确定了主体的这种反思能力。趣味判断是一种反思判断，不是一种认识判断，康德排除了趣味的认识意义。

关于ästhetisch，宗白华、李秋零和朱光潜译为“审美的”，邓晓芒译为“审美的（感性的）”。在《纯粹理性批判》中，这一术语有感性的涵义，翻译为“审美的”，可以区分审美判断与认识判断。然而，牟宗三将其翻译为“美学的”，这一术语乃是形容词，康德并不是不在学科意义上使用这一术语。康德受到鲍姆加登的影响，借用概念Ästhetik，他在《判断力批判》中使用过一次Ästhetik。牟宗三将ästhetisch翻译为“美学的”，这种翻译不够准确。相比之下，译为“直感的”更为确切一些。

卢春红研究康德的共通感，选择与坚持“直感的”翻译。[③]对于ästhetisch，在《判断力批判》的几个日文版中，大西克礼翻译为“美学的”，坂田德男翻译为“（美）直感的”，原佑译为“美感的”，宇都宫芳明译为“情感的”，牧野英二译为“美感的”。[④]李泽厚指出：“康德本反对将Aesthetic一词作审美之用（这种用法是包姆加登创始的），可参考《纯粹理性批判》初版。在第二版，关于反对‘感性’一词（即Aesthetic）用作‘审美’的小注中，加了最后一句话，即已同意这种用法，但指出它

---

① 李秋零主编：《康德著作全集》（第5卷），北京：中国人民大学出版社，2007年，第210页。

② ［德］康德：《实用人类学》，邓晓芒译，重庆：重庆出版社，1987年，第137页。

③ 卢春红：《情感与时间——康德共通感问题研究》，上海：上海三联书店，2007年。

④ 《判断力批判》（上），カント全集（8），坂部惠、有福孝岳、牧野英二编，牧野英二译，岩波书店，1999年，译注·校订注（序文），第269页。

是‘半先验半心理学的’。到《判断力批判》，则已完全同意并采用这一用法了。”[①]李泽厚阐明了Aesthetic一词在康德哲学中的沿革和用法。叶秀山认为，在康德哲学中，“理性”制定规则的功能涉及知、情、意三个方面，人的感官（感性，aesthetic）也涉及感觉、情感和欲求三个方面。“因此，在康德哲学中，aesthetic不可译成‘美学的’，也不可译成‘审美的’，或‘美感的’，因为在康德哲学中，‘审美的’或‘趣味的’判断，固然是感性的（aesthetic），但并非一切感性的都是审美的、趣味的。因此，通常认为康德在第一批判中认为aesthetic不能有先验原则，而到第三批判改变了这个论断的看法是不确切的。因为在第一批判中，康德的aesthetic当然是指认识性的感觉材料，这种材料本身就康德哲学言，自无先验原则可言。”[②]aesthetic在康德第一批判和第三批判中有不同的意涵，叶秀山指出了准确翻译aesthetic的难度。

关于Verstand，牟宗三、邓晓芒与李秋零采用哲学界通行的译法，将其译为“知性”。宗白华则将其译为“悟性”，这造成阅读与理解的困难。朱光潜指出：“一般把德文Verstand译为‘悟性’，不妥，因为‘悟性’在禅宗用语里指‘一旦豁然贯通’的能力，不符合康德的原义，原义只是认识功能，原译‘理解力’，现一律改为‘知解力’，以便避免凭‘理性’去认识。”[③]在《判断力批判》下卷中，韦卓民将Verstand译为“知性”。对于核心概念的翻译，还是遵循约定俗成的译法比较妥当。[④]朱光潜的翻译或许容易理解康德的义理，“知解力包括形式逻辑的推断、分析、综合和推理的能力，它也只能掌握自然界现象的某些部分，不能窥到无限和整体”[⑤]。

至于Einbildungskraft，宗白华、邓晓芒与李秋零译为“想象（像）力”，这是准确的，在德语中，Skraft有力量之义。想象力虽不是《判断力批判》

① 李泽厚:《批判哲学的批判——康德述评》(修订本)，北京：人民出版社，1984年，第371页。

② 叶秀山:《启蒙与自由——叶秀山论康德》，南京：江苏人民出版社，2013年，第170页。

③ 朱光潜在注释中确定这个术语的译名。参见朱光潜《西方美学史》(下卷)，北京：人民文学出版社，1999年，第355页。

④ 庞景仁认为将Verstand译为“悟性”或“知性”也可以，但不通俗易懂，他以意思相当的汉语名词“理智”来翻译Verstand。

⑤ 朱光潜:《西方美学史》(下卷)，北京：人民文学出版社，1999年，第356页。

导论所言的三种高级认识能力之一，但它的地位非常重要，在审美判断中，想象力具有关键的作用；在鉴赏判断中，想象力与知性和谐地游戏；在崇高判断中，想象力与理性相对抗。在《判断力批判》中，想象力的地位与作用实现了一次飞跃。在康德批判哲学中，想象力没有立法功能，在《纯粹理性批判》中，想象力扮演了中介的角色，它协助知性工作，想象力的图式化就是一种综合作用。德勒兹认为，在美的判断中，想象力超越了图式化的限制，具有一种自由的想象力的活动，在反思对象形式时表现出它最深层的自由，在自由的想象力与未被限制的知性之间有某种一致性。①牟宗三将Einbildungskraft译为“想像”，与德文原义有较大出入。

das Gefühl der Lust oder Unlust，有四种译法，需要加以甄别与讨论。宗白华将其译为“快感和不快感”，这种译法明显不见“情感”的身影，“感”不能代替“情感”。不过，叶秀山认为宗白华的翻译比较贴切，“因而顺便说起，康德《判断力批判》的‘情’，中文似乎还是用宗白华译的‘情绪’好，‘绪’者‘头绪-秩序’也——，而它们跟‘经验’的‘关系’又是不相同的。”②“Gefühl”乃是《判断力批判》的核心问题，牟宗三将其译为“快或不快之情”，似乎比宗白华好一些，见到了“情”的影子，不过“情”是一个宽泛的概念，容易使人产生过多的联想，以为这是一种“常识”的“情”。在康德美学中，“情感”是一种高级的能力。牟宗三批评宗白华翻译的种种错误，然而自己的翻译也并没有完全克服各种错误。邓晓芒译为“愉快或不愉快的情感”，李秋零译为“愉快或者不快的情感”，这皆契合康德美学的义理。

朱光潜认为，理解康德的著作首先要克服的一个“大障碍”就是他所用的一些术语，比如“想象力”“知解力”“目的”“判断力”等等。“康德的术语一定要从他著作的上下文联系中才能摸索到比较正确的理解。”③朱光潜重视哲学术语的翻译与厘定，认为“信”最难，头等重要的是理

① Gilles Deleuze，*La philosophie critique de Kant*, Paris：Presses Universitaires de France，1963，pp.28-29.

② 叶秀山：《启蒙与自由——叶秀山论康德》，南京：江苏人民出版社，2013年，第5页。

③ 朱光潜：《西方美学史》(下卷)，北京：人民文学出版社，1999年，第355页。

解字义。术语最重要的意义有四种:“直指的或字典的意义”(indicative or dictionary meaning),“上下文决定的意义”(contextual meaning),“联想的意义”(associative meaning),“声音美”。还有两种次要的意义:“历史沿革的意义”(historic meaning)与“习惯语的意义”(idiomatic meaning)。[①]康德哲学追求明确性,探讨术语翻译说明了学术译名的重要性。译名的正确与否和译者对康德哲学的理解是否透彻有关。确定译名为翻译的首要任务,译者必须有坚实的语文学与哲学基础,不能盲目照搬原有的译名。

三、《判断力批判》译文探讨

至于译文问题,我们以下面一句的翻译为例来加以探讨。

Um zu unterscheiden, ob etwas schön sei oder nicht, beziehen wir die Vorstellung nicht durch den Verstand auf das Objekt zum Erkenntnisse, sondern durch die Einbildungskraft (vielleicht mit dem Verstande verbunden) auf das Subjekt und das Gefühl der Lust oder Unlust desselben.

为了判别某一对象是美或不美,我们不是把[它的]表象凭借悟性连系于客体以求得知识,而是凭借想象力(或者想象力和悟性相结合)连系于主体和它的快感和不快感。(宗白华译)

如果我们想去辨识任何东西是否是美,我们并不是借赖着知性以认知为目的把此任何东西之表象关涉到对象上去,但只借赖着想像(或许在与知性相结合中活动着的想像),我们把那事物之表象关涉到主体以及主体之「快或不快之情」。(牟宗三译)

① 罗新璋、陈应年编:《翻译论集》(修订本),北京:商务印书馆,2009年,第531-534页。

为了分辨某物是美的还是不美的，我们不是把表象通过知性联系着客体来认识，而是通过想像力（也许是与知性结合着的）而与主体及其愉快或不愉快的情感相联系。（邓晓芒译）

为了区分某种东西是不是美的，我们不是通过知性把表象与客体相联系以达成知识，而是通过想象力（也许与知性相结合）把表象与主体及其愉快或者不快的情感相联系。（李秋零译）

评判这句汉译的"信"与"达"，首先需要理解康德的要旨。康德在此探讨了三个问题：一是如何区分某种东西美与不美；二是确定了三种关系，知性与对象的关系、想象力与知性的关系、表象与主体及其愉快或不快的情感的关系；三是肯定与否定的判断。康德开宗明义做出区分，继而确定主要问题。

宗白华、邓晓芒与李秋零的翻译明确了康德的意图，康德不是假设的，而是命令式的。牟宗三用"如果"二字弱化了康德的目的。康德旨在区分并提出观点，没有任何的歧义与含混之处，因此"为了……"的翻译比较契合康德的原义。

至于"vielleicht mit dem Verstande verbunden"的翻译，存在四种译法：

或者想象力和悟性相结合（宗白华译）
或许在与知性相结合中活动着的想像（牟宗三译）
也许是与知性结合着的（邓晓芒译）
也许与知性相结合（李秋零译）

宗白华将"vielleicht"译为"或者"明显是误译，这是推测的语气，而不是选言的。牟宗三增添了"的想像"，康德只是认为想象力或许与知性有关，没有以知性来限定想象力。在鉴赏判断中，想象力与知性是自由游戏的关系。因此，邓晓芒和李秋零的翻译基本上符合康德的文义。

结合术语与文本的翻译来看，宗白华的翻译在“信”与“达”方面存在诸多误译，他的汉语表述方式不太符合现代人的阅读习惯。牟宗三翻译的问题也不少，无论是术语还是文本翻译，都过多地增添了自己的理解，偏离了康德的原义，因此，宗白华与牟宗三的翻译实际上处在失“信”状态。邓晓芒和李秋零的翻译较好地遵照了原著，译名尽量趋近原文的涵义，译文平实顺畅，可读性较强。

四、《判断力批判》汉译问题

总体上看，西方美学著作的汉译推动了中国现代美学的发展，在美学学科建立中功不可没。翻译著作为中国学者提供了学习和研究的对象，也训练了他们理解美学的思维方式。《判断力批判》汉译是中国美学学术史中的重要一环，它的翻译关系到学术翻译的标准、学术译名的确定与翻译者的任务。

严复道出了译事之难，译事之难也是翻译标准。严复在《〈天演论〉译例言》一文中说：“一、译事三难：信、达、雅。求其信，已大难矣！顾信矣不达，虽译犹不译也，则达尚焉。海通已来，象寄之才，随地多有，而任取一书，责其能与于斯二者，则已寡矣！其故在浅尝，一也；偏至，二也；辨之者少，三也。今是书所言，本五十年来西人新得之学，又为作者晚出之书。译文取明深义，故词句之间，时有所颠倒附益，不斤斤于字比句次，而意义则不倍本文。”[①]翻译的“信、达、雅”最初以疑难问题呈现，严复在此文中谈论了这“三难”的关系，言明难度的高下，明说翻译没有定法，在不变中求变，不变的是“三难”，变的是翻译法度。

1942年，陈康以《巴曼尼得斯篇》的翻译为例谈论了哲学著作翻译中的“信、达、雅”问题：“‘信’是这篇翻译的不可动摇的基本条件。‘达’

① 罗新璋、陈应年编：《翻译论集》（修订本），北京：商务印书馆，2009年，第203页。

只相对于在系统哲学方面曾受过不少训练，关于希腊哲学又有相当了解的人。'雅'，只在不妨害'信'的情形下求其完备。此外最注意的：乃是在译文中明白地表示我们关于原文里每一句的构造的看法。这样的翻译，若用已成的名词表示，乃是直译。直译不但常常'不雅'，而且还会有'不辞'的危险。凡遇着文辞和义理不能兼顾的时候，我们自订的原则是：宁以义害辞，毋以辞害义。'言之无文，行之不远'，诚然是历史上已经验证了的名言，然而我们还要补充以下两句话，即：文胜于质，行远愈耻。"[①]陈康关注哲学著作翻译中"信"的问题，指出坚决不能"以辞害义"，主张"直译"，确保哲学义理的真。陈康说得很绝对，但是的确有"理"。用"信"的标准可以审视与评判《判断力批判》的四个汉译本。

对于康德哲学术语的翻译，庞景仁认为，康德著作费解，主要因为康德所使用的哲学术语，有许多与西方哲学史上传统的用法意义不同，因此，翻译这些术语须谨慎分辨与考量。[②]庞景仁指出，改变译名有两个原则：一是要恰合原义；二是要通俗易懂。他还强调要统一名词术语的翻译。[③]这样一来，翻译既遵循文本，又关照读者。从上文所列的表格可以看出，不同译者的术语翻译存在诸多差异，这些差异造成了理解上的困难。因为哲学译名不仅是一个翻译问题，更大程度上是一个哲学问题。

至于译者的任务，贺麟说："翻译既是以多的语言文字，去传达同一的意思或真理，故凡从事翻译者，应注重原书义理的了解，意思的把握。换言之，翻译应注重意译或义译。不通原书义理，不明著者意旨，而徒斤斤于语言文字的机械对译，这就根本算不得翻译。"[④]贺麟指出哲学翻译理解义理的重要性。翻译除了要准确理解和翻译核心术语之外，尚需要理解原著义理。因此，翻译首先是一个理解与诠释的问题，翻译的准确性取决于译者对原著的理解程度。

本雅明探讨了译者的任务："说一篇译文读起来仿佛就是用那种语言撰

① 罗新璋、陈应年编:《翻译论集》(修订本)，北京：商务印书馆，2009年，第526页。
② 罗新璋、陈应年编:《翻译论集》(修订本)，北京：商务印书馆，2009年，第895页。
③ 罗新璋、陈应年编:《翻译论集》(修订本)，北京：商务印书馆，2009年，第905页
④ 罗新璋、陈应年编:《翻译论集》(修订本)，北京：商务印书馆，2009年，第519页。

写的原文一样，并不是对翻译的最高夸赞，尤其是在原生的时代。相反，由直译而保证的‘信’的重要性在于，作品反映了对语言互补关系的强烈渴望。真正的翻译是透明的；并不掩盖原文，并不阻挡原文的光，而是让仿佛经过自身媒体化的纯语言更充足地照耀着原文。这主要可以通过句法的直接转换达到，这种转换证明词语而非句子才是翻译者的基本因素。如果句子是挡在原文语言前面的那堵墙，那么，直译就是拱廊。”①对于《判断力批判》的翻译，也可以借用本雅明的翻译观来检视。虽然我们只选取原著一段的翻译来探讨，然而未尝不可以一斑窥全豹。

正如贺麟所论，康德与黑格尔的著作晦涩难懂，关于他们原作的译文可能更畅达、更明确与更详尽乃是可能的事。贺麟主张有志译事的哲学者，根据德文原书译成中文，就“信、达、雅”方面，皆胜过现行的英译本，极有可能。②从“有志译事”这一点来看，宗白华、韦卓民、牟宗三、邓晓芒、杨祖陶、李秋零等皆为学者，他们翻译《判断力批判》值得大力肯定。西方美学著作的翻译推进了中国学界对西方美学的研究。至于中英译文的“信、达”方面的问题，不妨比较几个中译本与英译本，从中窥见细微之别与得失之处。

① ［德］瓦尔特·本雅明:《本雅明文选》，陈永国、马海良编，北京：中国社会科学出版社，1999年，第287–288页。

② 罗新璋、陈应年编:《翻译论集》(修订本)，北京：商务印书馆，2009年，第521页。贺麟是在1940年写作的这篇论文，他或许没有想到中国学者如接力赛一样前赴后继地翻译康德与黑格尔著作，他自己也成为翻译黑格尔著作的重要哲人。

后　记

不知道从何时起，养成一个习惯，喜欢在图书馆读书，而不太喜欢写作。因此，著作等身也就成了一种奢望。

博士毕业之后，一直在北京第二外国语学院工作。文化与传播学院是一个温暖的学术共同体，感谢周连选老师的关心，感谢李洪波教授的帮助，感谢裴登峰教授的提点，感谢廖四平教授和李林荣教授给予的温暖。感谢所有帮助过我的同事和朋友，感谢爱我的人和我爱的人，因为他们的存在，我的生活才有色彩，人生才有意义和价值。感谢北京第二外国语学院提供经费资助拙作出版。

杨平

2022年11月于北京